北京市教育科学规划"十四五"规划2021年度重点课题"托幼机构饮食环境评估与质量提升研究"（CDAA21033）成果

新形态教材
入眼·入脑·入手
易教·乐学

婴幼儿托育相关专业教材

洪秀敏 / 丛书主编

托育机构环境创设

U0659744

TUOYU JIGOU
HUANJING
CHUANGSHE

王兴华 / 本书主编

北京师范大学出版集团
BEIJING NORMAL UNIVERSITY PUBLISHING GROUP
北京师范大学出版社

图书在版编目(CIP)数据

托育机构环境创设 / 王兴华主编. —北京：北京师范大学出
版社，2023.9(2025.2 重印)
ISBN 978-7-303-29339-1

Ⅰ. ①托… Ⅱ. ①王… Ⅲ. ①幼儿园－环境设计
Ⅳ. ①G617

中国国家版本馆 CIP 数据核字(2023)第 143252 号

出版发行：北京师范大学出版社 https://www.bnupg.com
　　　　　北京市西城区新街口外大街 12-3 号
　　　　　邮政编码：100088

印　　刷：三河市兴达印务有限公司
经　　销：全国新华书店
开　　本：889 mm×1194 mm　1/16
印　　张：9.25
字　　数：289 千字
版　　次：2023 年 9 月第 1 版
印　　次：2025 年 2 月第 3 次印刷
定　　价：34.80 元

策划编辑：罗佩珍　　　　　责任编辑：张　爽
美术编辑：焦　丽　　　　　装帧设计：焦　丽
责任校对：陈　民　　　　　责任印制：赵　龙

编委会

《托育机构环境创设》教材创新性地采用模块化设计，精心构建七大学习模块，系统完整、层次分明。教材不仅全面阐述了托育机构整体环境的理念与实施策略，而且深入剖析了室内室外环境创设的具体方法与实操技巧；既满足系统学习的需求，又便于灵活开展模块化教学。建议学时分配如下(供参考)：

篇　章	学时分配
学习模块一　认识托育机构环境	4
学习模块二　做好整体规划	2
学习模块三　打造公共区域	4
学习模块四　创设生活区	6
学习模块五　创设游戏活动区	10
学习模块六　创设户外活动区	8
学习模块七　保障托育机构的服务和供应用房	2
总计	36

《托育机构环境创设》教材在编写过程中注重突出任务导向与问题导向，每一个学习模块包括以下四个方面。

(1)导入语：调动学习者的阅读兴趣和先前经验，引发对学习内容的思考。

(2)学习导图：直观呈现该学习模块的学习要点和主要内容，便于提纲挈领地掌握本模块的核心内容。

(3)学习初体验：通过实践活动或案例评析，本部分帮助学习者了解实践问题，引导学习者带着问题去学习。

(4)学习任务：每个学习模块包含若干具体的学习任务，在每个学习任务之前，本书提供了学习任务单，通过学习目标、学习要点、学习建议、学习运用与学习反思等形式指导学习者的学习。每个任务注重提供从政策到理论，再到实践全方位的讲解。

在每个任务的论述中，本教材注重提供多种形式的学习资源。

①案例导入：展示真实的托育机构环境创设案例，由案例引发思考，引出学习任务，在完成学习本任务后可以再次分析该案例，将所学内容应用于实践场景。

②备考指南：提供初级、中级、高级育婴师考试真题及指导。

③拓展阅读：提供与章节主题相关的内容，扩大学习者的阅读面。

④想一想：依据正文所讲知识点，提出启发学习者思考的问题。

⑤试一试：基于正文知识点，请学习者尝试讨论或运用。

⑥连线职场：创设托育机构实践情境，请学习者尝试解决问题。

⑦学习效果检测：设计思考题、实践应用题、案例分析题等多种形式的练习题及参考答案，可以帮助学习者自我检测学习效果。

⑧延伸阅读：提供更多的书籍、文章等，供学习者根据自身的兴趣选择阅读。

⑨视频资源：贯穿每个任务，学习者可扫描书中的二维码观看托育机构的环境创设与活动微视频。

3岁以下婴幼儿照护服务是生命全周期服务管理的重要内容，事关婴幼儿健康成长，事关千家万户。党中央、国务院高度重视婴幼儿照护服务发展。党的十九大报告在保障和改善民生的蓝图中将"幼有所育"排在七项民生之首；党的二十大报告指出，要"深入贯彻以人民为中心的发展思想"，在"幼有所育"等方面持续用力，"建立生育支持政策体系"。加快发展普惠托育服务体系，专业人才培养是关键。支撑职业教育高质量发展，专业教材建设是关键。教材建设是育人育才的重要依托，是培养学生职业道德、职业技能、就业创业和继续学习能力的重要载体。职业教育专业教材是职业院校开展教学工作的基础，建设什么样的教材体系，核心教材传授什么内容、倡导什么价值，都直接影响着托育专业职业教育的学科建设和人才培养质量。

2021年，教育部发布新调整的职业教育专业目录，一体化设计了中职—高职专科—高职本科专业体系，新增或调整了中职、高职专科、高职本科三个学段婴幼儿托育相关专业。《"十四五"职业教育规划教材建设实施方案》明确指出要服务民生领域急需紧缺行业发展，加快建设托育等领域专业课程教材。为满足托育相关专业教学与课程建设需求，本套教材以促进学生全面发展、增强综合素质为目标，以打造培根铸魂、启智增慧、适应时代要求、具有较高质量的托育相关专业职业教育教材为重点，力图做到"四个坚持"。

一、坚持德育为先，发挥课程思政与立德树人功能

教材建设的根本问题是培养人的问题。在本套教材编写过程中，编写团队始终坚持正确的政治方向和价值导向，将习近平新时代中国特色社会主义思想特别是关于教材建设的重要论述贯穿于教材建设的各个环节，全面落实课程思政要求，努力贯彻落实立德树人根本任务。编写团队认真贯彻落实党中央、国务院关于发展婴幼儿照护服务的政策精神，将培育和践行社会主义核心价值观融入教材编写的全过程，在价值理念导向、专业知识诠释和实践案例选取过程中，扎根中国大地，站稳中国立场，坚定"四个自信"，努力增强教材铸魂育人功能，注重引导学生增强专业认同感，关爱婴幼儿，热爱托育事业，正确理解3岁以下婴幼儿发展特点研究和托育机构保育工作的重要意义，坚定专业信念，并能自觉努力成长为有理想信念、有道德情操、有扎实学识、有仁爱之心的婴幼儿健康成长的启蒙者和引路人。

二、坚持学生为本，遵循学生学习规律与发展需求

本套教材编写坚持以学生为中心的理念，深入研究托育专业人才成长规律和学生认知特点，遵循职业教育学生学习的特点、规律和需求，增强教材对学生专业学习与发展的适切性。在编写过程中，编写团队努力以学习成果为导向设计教材结构和内容，注重托育机构工作场景、典

型保育工作任务、案例分析等模块化课程和项目化学习成果设计，创新教材呈现形式，通过生活化、情境化、动态化、形象化的案例场景，积极开发具有补充性、更新性和延伸性的学习资源，遵循理论知识与实践技能相统一、从简单到复杂、从单一到综合的学习规律与职业成长规律，注重通过通俗易懂的文字论述和丰富的案例材料，最大限度地激发学生学习兴趣和探究行为，满足学生多样化、个性化和实用化的学习需求和专业发展需求，提高他们对婴幼儿托育的专业认知、专业情感、专业态度和专业精神等专业素养。

三、坚持研究为要，反映托育领域最新政策、研究与实践

托育是涉及多学科、综合性强的新专业，可直接参考借鉴的资源不多，教材编写难度大。为此，编写团队一是注重对国家托育改革创新实践与最新政策的动态关注，认真学习并全面贯彻我国托育服务相关政策与法规的最新要求，在教材编写中力求及时反映托育政策和事业改革发展的新要求、新理念和新规范；二是全面对标托育相关专业简介、保育师和婴幼儿发展引导员等国家职业技能标准，持续追踪婴幼儿发展与托育研究的动态，深入研究婴幼儿生理与心理发展、营养与喂养、学习与发展、卫生与保健、常见病和伤害预防与处理等专业知识，关注最新研究进展，及时吸纳新方法和新成果，尽可能体现出先进性、引领性和科学性；三是为充分体现职业教育的实用性与实践性特点，坚持深入调研了解行业企业和托育机构的现状与需求，跟进了解行业企业发展与院校培养的最新动态，努力反映托育行业的新探索、新实践和新经验。

四、坚持质量为重，建设联合攻关高水平教材编写团队

多主体协同、多元化参与，是确保教材思想方向、保障专业水准、拓展教材形式、提升编写质量等的关键所在。本套教材在编写过程中，充分调动和吸纳了一批儿童早期发展、卫生保健、儿童心理学、学前教育学等方面的高校、科研机构的研究者，职业院校婴幼儿托育相关专业的教师，行业协会、托育机构等多方优质资源，组建了产教融合、校企合作、结构合理、经验丰富、专业能力强的高水平教材编写团队，凝智聚力，联合攻关，统一指导思想、编写理念、编写策略和编写风格，发挥各家所长，分工明确，相互协调配合，同时加强编写、审定和出版各环节的严格把关，确保专业教材的编写质量，力争打造一批培根铸魂、启智增慧，具有时代性、科学性、权威性、前沿性、实用性的托育职业教育专业精品教材。

本套教材的编写得到了北京师范大学出版社的大力支持，在撰写过程中参考和引用了国内外许多研究成果与观点，在此深致谢忱。真诚希望本套教材能够为托育职业教育、托育培训者和管理者、广大托育机构工作者等提供有益的参考与借鉴。

北京师范大学　洪秀敏

近年来，随着《国务院办公厅关于促进 3 岁以下婴幼儿照护服务发展的指导意见》的发布，我国托育事业进入一个全新的发展阶段，从中央到地方，从事业发展到人才培养，相关政策文件相继出台。党的二十大报告明确指出，要"优化人口发展战略，建立生育支持体系，降低生育、养育、教育成本"。在此战略指引下，我国托育事业迎来了高质量发展的新阶段。当前，在全面建设社会主义现代化国家的新征程中，发展普惠托育服务体系已成为积极应对人口老龄化、促进人口长期均衡发展的重要举措。面对社会对高素质托育专业人才的迫切需求，加快构建托育人才培养体系、全面提升托育机构从业人员职业能力，既是贯彻落实党的二十大精神的具体行动，也是推动托育事业高质量发展的关键支撑。

"人创造环境，同样环境也塑造人。"环境是育人的重要载体，托育机构的环境对于婴幼儿早期学习与发展具有重要的作用，环境创设能力也是托育机构保育人员必备的专业能力。为了回应我国托育事业发展的需要，提升职前职后托育专业人才的职业能力，特别是环境创设能力，更好地发挥环境育人的功能，我们依据职业院校婴幼儿照护类专业的专业简介及人才培养需求，特意编写了《托育机构环境创设》一书。

具体而言，本书在编写过程中力求突出以下特色。

第一，对接政策文件。本书紧密结合《国务院办公厅关于促进 3 岁以下婴幼儿照护服务发展的指导意见》《托育机构保育指导大纲(试行)》《托育机构管理规范(试行)》《托育机构设置标准(试行)》《托儿所、幼儿园建筑设计规范》(JGJ39—2016)(2019 年版)和《保育师国家职业技能标准》等国家政策文件中相关的精神和要求，力求言之有据、言之有物，既介绍国家政策文件的精神、要求，也据此阐述环境创设的基础知识以及一般原则、方法，促进政策文件的落实。

第二，突出学以致用。本书依据职业人才培养的要求，特别是依据托育人才培养的方向，从解决托育实践中的问题出发，强调内容的适用性、实用性、操作性。本书通过丰富的案例、实践活动、图表、微视频等形式将环境创设的基础知识与托育机构环境创设实践相结合，帮助学习者更好地理解所学知识，更快地提高运用所学内容解决实践中的问题的能力。

第三，强调岗课证融通。本书设计了多样化岗课证融合模块，比如，学习任务单、想一想、连线职场、学习效果检测等，特别是精心设计了备考指南板块，选取与教材所讲知识点相呼应的育婴师考试真题，引导学生"学中思""思中做""做中学"，实现"教学做"一体。

第四，注重深入浅出。本书在编写的过程中既注重知识结构的完整性和基础性，又注重国内外学科前沿与研究动态的发展，语言简洁，案例丰富，有助于激发学习者的阅读兴趣和学习动机。此外，本书以学习任务单的形式设计每个任务，其目标不在于提供所谓"标准化"的环境创设方案，而在于渗透环境创设的一般原则与方法，同时提供一些可操作的建议，激发学习者主动思考如何结合实际去创设适宜的、支持性的环境。

本书的编写团队结构合理，包括高等师范院校、职业院校的教师，也包括托育一线的实践工作者。本书由北京师范大学王兴华担任主编，河套学院王慧、吉安职业技术学院甘艳担任副主编，参编人员有北京师范大学教育学部刘琦、李雅雯、武丽丽、刘忆，深圳市允信教育投资有限公司彭柯君。北京扉渡托育服务有限公司、中国青少年社会服务中心有限责任公司以及吉安、深圳等地的多家托育机构在本书编写过程中给予了大力的支持，为本书提供了照片，在此表示感谢！特别感谢北京扉渡托育服务有限公司为本书提供的微视频资源！

本书既可用作职业院校婴幼儿托育服务与管理、婴幼儿发展与健康管理、早期教育等婴幼儿照护类专业的教材，也可作为托育机构管理者与一线保育工作者的日常参考用书。虽然在编写过程中编者团队竭尽所能，但难免有疏漏不到之处，敬请广大读者批评指正！

王兴华

于北京师范大学

目录

学习模块一 认识托育机构环境 …… 1

学习任务一：托育机构环境的含义 /2

学习任务二：托育机构环境的功能 /7

学习任务三：托育机构环境创设的基本原则 /11

学习模块二 做好整体规划 …… 21

学习任务一：托育机构的选址 /22

学习任务二：托育机构的空间规划 /28

学习模块三 打造公共区域 …… 38

学习任务一：室外公共区域的规划 /39

学习任务二：室内公共区域的规划 /44

学习任务三：打造有特色的公共区域 /48

学习模块四 创设生活区 …… 51

学习任务一：睡眠区的规划与家具选择 /52

学习任务二：食物的准备与进餐环境创设 /58

学习任务三：婴幼儿的清洁与卫生环境创设 /67

学习模块五 创设游戏活动区 …… 74

学习任务一：动作发展区的空间规划与材料设施 /75

学习任务二：语言区的空间规划与材料投放 /83

学习任务三：益智区的空间规划和材料选择 /88

学习任务四：建构区、娃娃家的空间规划和材料选择 /93

学习模块六　创设户外活动区……99

学习任务一：户外活动区创设要点　/100

学习任务二：做好户外活动区的场地规划　/108

学习任务三：户外活动区的设施及材料　/112

学习模块七　保障托育机构的服务和供应用房……117

学习任务一：行政办公区的规划　/118

学习任务二：家长接待区的规划　/122

学习任务三：晨检室、保健室和隔离室的规划　/126

学习任务四：托育机构供应用房的规划　/131

参考文献　……134

学习模块一
认识托育机构环境

我国古代思想家墨子有句名言："染于苍则苍，染于黄则黄。"这句话的意思是（丝）染了青色颜料就变成青色，染了黄色颜料就变成黄色，由此来说明环境对人的影响。0—3岁是个体发展非常迅速的时期，也是塑造良好行为的关键阶段。目前，3岁以下，尤其是2—3岁的幼儿进入托育机构的情况越来越普遍，托育机构的环境对婴幼儿成长发挥着越来越重要的作用。托育机构的环境指什么？托育机构的环境在婴幼儿生活和学习中发挥着什么样的功能？创设托育机构的环境又应该遵循哪些原则和要求呢？本模块的内容就来帮助你寻找上述这些问题的答案。

学习导图

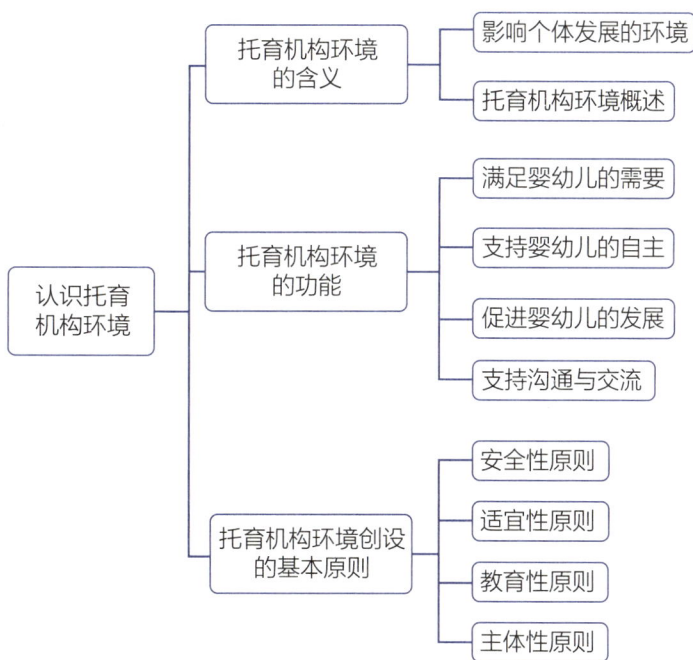

```
                                    ┌─ 影响个体发展的环境
                    托育机构环境的含义 ─┤
                                    └─ 托育机构环境概述

                                    ┌─ 满足婴幼儿的需要
                                    ├─ 支持婴幼儿的自主
认识托育机构环境 ─── 托育机构环境的功能 ─┤
                                    ├─ 促进婴幼儿的发展
                                    └─ 支持沟通与交流

                                    ┌─ 安全性原则
                    托育机构环境创设     ├─ 适宜性原则
                    的基本原则       ─┤
                                    ├─ 教育性原则
                                    └─ 主体性原则
```

学习初体验

实践体验活动： 假如你是一位家长，现在要为自己2岁的孩子选一家托育机构，小区周围有几家托育机构备选，你打算去考察一下再做决定。想一想，在考察的过程中你会着重看哪些方面？你把关注的要点列出来，学完本模块后再来看看你的想法是否会发生改变。

学习任务一
托育机构环境的含义

学习任务单

学习目标	学习完本任务，你应该能够： ①了解托育机构环境的含义。 ②掌握托育机构环境的分类。
学习要点	重点、难点： 掌握托育机构环境的分类。
学习建议	学习前： 完成模块下的学习初体验活动。 学习中： 搜集环境影响个体发展的案例。 学习后： 完成本学习任务后的检测题。
学习运用	你觉得在哪些工作场景中可以运用到本任务所学的知识？（学生填写）
学习反思	记录你在学习过程中的相关思考。（学生填写）

📚 **案例导入**

回想本模块的实践体验活动，然后观察图 1-1。你是否喜欢该托育机构的户外活动场地，为什么？

扫描下方二维码，浏览图 1-1 至 1-3 彩图。

图 1-1 某托育机构的户外活动场地

图片资源
图 1-1 某托育机构的户外活动场地

观察图 1-2 和图 1-3。你是否喜欢该托育机构的室内环境，为什么？你在选择托育机构时更注重室内环境还是室外环境？

图 1-2 某托育机构的室内公共区域

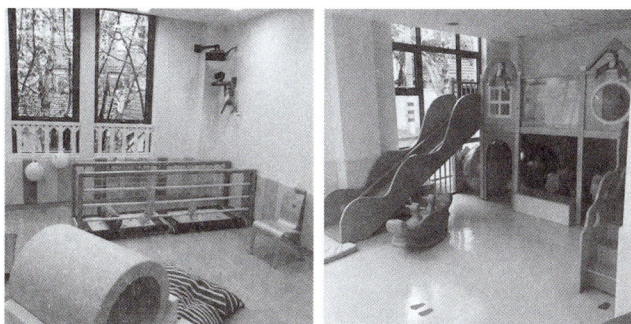

图片资源
图 1-2 某托育机构的室内公共区域

图 1-3 某托育机构的室内活动区

图片资源
图 1-3 某托育机构的室内活动区

一、影响个体发展的环境

我们进入某一环境，首先会产生视觉、听觉、嗅觉、触觉等方面的感官体验，大脑会通过这些感官体验产生一种情绪感受，导致我们喜欢或不喜欢这个环境。长期处于某一环境中，我们的体验会加深，的情绪、生活、工作，甚至健康都会受到环境的影响。回想一下自己在成长过程中都受到哪些环境的影响？假如你生活在完全不一样的环境中，你会成为今天的自己吗？

环境的影响是从我们出生那一刻开始的吗？也许还要更早些哦！从受精卵开始，我们就受到母体环境的影响。母亲孕期的用药情况、营养状况、生活习惯、心理状态等都会影响胎儿的发育。①②

① 翁霞云：《高危妊娠管理的新概念》，载《中国实用妇科与产科杂志》，2001（5）。
② 王新利等：《新生儿低出生体重危险因素分析》，载《中国儿童保健杂志》，2004（4）。

学习笔记

我们出生后开始接触后天环境，比如，家庭、学校、社区等。布朗芬布伦纳把影响个体发展的后天环境看作一个相互关联的生态系统，由微系统、中系统、外系统和宏系统构成（见图1-4）。

最里层是微系统，它是个体活动和交往的直接环境。对于婴幼儿来说，微系统主要是家庭环境。随着年龄的增长，婴幼儿的活动范围不断扩大，学校和同伴关系开始纳入微系统中。本书所讲的托育机构的环境就属于生态系统中的微系统，它会对婴幼儿的发展产生直接的影响。随着3岁以下婴幼儿进入托育机构的情况越来越普遍，托育机构环境在婴幼儿发展中的作用也越来越受到关注。

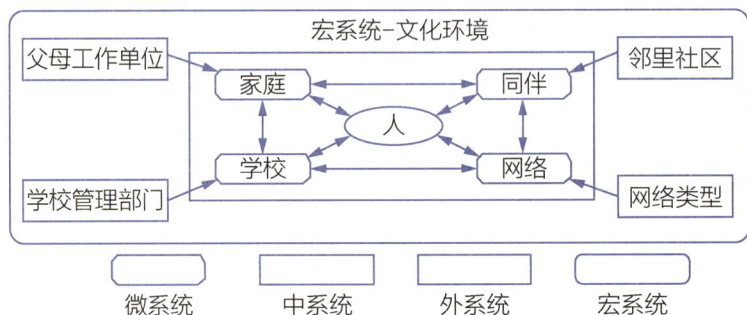

图 1-4 布朗芬布伦纳提出的生态系统模型[1]

想一想

以布朗芬布伦纳的生态系统模型为依据，联系自身成长经验，说说自己的成长都受到哪些环境系统的影响。

微系统的外层是中系统，即中间系统，指的是婴幼儿参与的各种微系统之间的联系。比如，托育机构和家庭会因婴幼儿而建立联系，托育机构和家庭之间的联系就是婴幼儿成长的中间系统。如果家庭与托育机构对婴幼儿的要求与期望一致，两者就可以形成合力，对婴幼儿的学习与发展起到促进的作用。

再外面一层是外系统，是指那些婴幼儿并没有直接参与其中，但是会对他们的生存和发展造成影响的环境因素。例如，父母的工作环境、薪资待遇、工作压力等都会对婴幼儿的成长环境产生重要的影响。

最外面一层是宏系统，指的是更大范围的社会政治制度、文化习俗、社会意识形态等。虽说宏系统离婴幼儿较远，但也会影响婴幼儿的生活。比如，国家重大教育政策的实施会影响托育机构的运行和保教内容的设置等。

学习笔记

二、托育机构环境概述

（一）托育机构环境的含义

托育机构的环境是托育机构教育资源的重要组成部分。参照幼儿园环境的定义，托育机构的环境同样有广义和狭义之分。广义的托育机构环境指的是婴幼儿发展所依赖的各种条件的总和，既包括人的因素，又包括物的因素；既包括托育机构内部的小环境，又包括托育机构与家庭、社区、社会和自然环境之间的复杂多样的联系。狭义的托育机构环境指的是在托育机构中对婴幼儿身心发展产生影响的物质要素和精神要素的总和，通常指托育机构内部的环境，分为物质环境和精神环境。[2]如无特殊说明，本书中托育机构的环境指的是狭义的，即托育机构内部的环境。

---

[1] 刘杰、孟会敏：《关于布郎芬布伦纳发展心理学生态系统理论》，载《中国健康心理学杂志》，2009（2）。布朗芬布伦纳又译为布郎芬布伦纳。

[2] 杨彦：《幼儿园环境创设》，2页，北京，北京师范大学出版社，2014。

（二）托育机构环境的分类

💡 想一想

请结合你参观过的托育机构，谈一谈托育机构物质环境和精神环境之间的关系。

对托育机构环境进行分类有助于我们从不同角度理解环境，帮助我们形成更加全面的环境观。

1. 按照构成物的性质来分

按照构成物的性质来分，托育机构的环境可以分为物质环境和精神环境。

物质环境包括空气的干湿度、光线的明暗、空间物质安排等。空间物质安排又包括建筑、装饰、家具、材料等。[1]

精神环境主要指个体体验到的托育机构中的人际关系。托育机构的人际关系主要有师幼关系、同伴关系及师师关系。在托育机构中，保育师是对婴幼儿影响最大的人。良好的师幼关系能为婴幼儿提供情绪情感上的安全港湾，能够使婴幼儿大胆地在陌生环境中探索，为婴幼儿与环境的相互作用提供契机。

物质环境为婴幼儿的生活、游戏、学习等活动提供场所和材料，精神环境则为婴幼儿提供符合其身心发展的亲切温馨的氛围。相较于物质环境，精神环境更加无形和难以把握，然而它会对物质环境的创设产生影响。比如，有的机构不注重保育师与婴幼儿在环境中的主体性，全部采购标准化的设施设备与"高档"的玩具，其物质环境也就很难实现为婴幼儿"量身定制"。物质环境同样会影响精神环境，如果托育机构中的游戏空间小、材料不足，保育师和婴幼儿以及婴幼儿和同伴之间的互动质量就会受到相应的影响。

2. 按照空间属性来分

按照空间属性来分，托育机构的环境可以分为室内环境和户外环境。

室内环境指的是在托育机构中相对密闭的空间及其中的设施设备，如婴幼儿的活动区、睡眠区、盥洗室等。室内环境是婴幼儿主要的活动场所，良好的室内环境对婴幼儿的发展有着不可或缺的作用。托育机构的环境需要特别注意安全、卫生和舒适，家具、设备、玩具等都要适合婴幼儿，需要及时清洁、消毒，尤其是喂养区和尿布台。

户外环境指的是在托育机构中相对开阔的空间及其中的设施设备，如沙土区、种植区和攀爬区等。户外环境对婴幼儿大肌肉的发展、社交能力的提升和探索技能的掌握大有裨益。根据《托育机构管理规范（试行）》的规定，托育机构应当保证婴幼儿每日户外活动不少于2小时，寒冷、炎热季节或特殊天气情况下可酌情调整。

🔍 **拓展阅读**

户外环境创设要注重亲近自然

自然环境能最大限度地刺激婴幼儿的感官，激发婴幼儿的想象力与创造力。森林幼儿园、华德福教育理念等都推崇亲近自然的环境。我国城市地区的托育机构，尤其是设置在商业区的托育中心和设置于居民区的家庭托育点普遍存在户外空间不足的情况。在这种情况下，可以考虑利用建筑的入口转换空间和外缘空间创设出有阳光、水、沙的自然游戏区，也可利用楼顶空间打造"空中花园"。

视频资源

亲近自然

在有户外场地的情况下，应打破幼儿园"户外场地多用来开展体育活动"的传统思维，注重亲近自然。首先，可以考虑把自然地貌和资源融入户外学习环境。比如，配合原有的地势起伏创设微地形游戏区；利用树丛、树桩等打造攀爬、建构等游戏区。在材料的选择上也应注重自然材料的利用。例如，用自然材质做地面软化；用自然材料，如石头、树皮、沙砾等作为婴幼儿的活动材料。通过各种各样的户外自然因素，婴幼儿可以更真实地体验大自然，生成对大自然的亲近、热爱之情。

---

[1] 冯芳等：《幼儿园环境创设》，7页，北京，北京师范大学出版社，2015。

学习效果检测

1. 简述托育机构环境的分类。

2. 谈谈你看到的托育机构的室内环境和户外环境都包括什么。

3. 结合自身成长的经历，谈谈不同层次的系统中影响个体发展的环境都包含什么。

文本资源

参考答案

延伸阅读

更多关于布朗芬布伦纳生态学的文章：

谷禹、王玲、秦金亮：《布朗芬布伦纳从襁褓走向成熟的人类发展观》，载《心理学探新》，2012（2）。

本文完整地记述了布朗芬布伦纳生态学思想的起源和发展，重点关注了生态学模型中人与环境的概念与关系，有助于读者增进对此理论的理解和把握。

学习任务二
托育机构环境的功能

学习任务单

学习目标	学习完本任务，你应该能够： ①了解托育机构环境的多种功能。 ②理解托育机构环境应支持婴幼儿的自主发展。
学习要点	重点、难点： 　托育机构环境的多种功能。
学习建议	学习前： 　完成模块下的学习初体验活动。 学习中： 　列举、归纳如何实现托育机构环境的多种功能。 学习后： 　完成本学习任务后的检测题。
学习运用	你觉得在哪些工作场景中可以运用到本任务所学的知识?（学生填写）
学习反思	记录你在学习过程中的相关思考。（学生填写）

📚 案例导入

米粒 11 个月的时候，经常努力尝试走路，每次在西西老师出示教具的时候，她都想走过去触摸教具，但因为走路不稳，总是走两步就摔倒了，不是一屁股坐在地上，就是趴在地上。有一次，米粒在大厅玩，当看到柜子上的小猪佩奇时，她起身走向柜子方向。西西老师看到后，将一辆小车放到米粒面前，米粒一开始抓着车子的侧边推，车子不动，接着她换个方向推，车子动了，带着米粒一步步地往柜子那边走，因为力度不均，车子总是斜着走。走到柜子边，米粒放下车，扶着柜子走向小猪佩奇，最终拿到了佩奇，她回头看着西西老师，笑了起来。

婴幼儿期是大脑快速发展的时期，环境对他们的大脑发展有至关重要的作用。[①]很多早期教育理论都很重视把环境作为重要的教育资源。比如，蒙台梭利曾说："教育对儿童的巨大影响是以环境为工具的。让儿童受到环境的浸染，从环境中获得一切，并将其化为己有。"[②]蒙台梭利主张，环境创设的目标应该是为儿童提供一个即使没有成人的帮助也能自我服务、自己生活的环境。在这样的环境中，儿童会越来越积极主动。教师应该帮助那些需要帮助的儿童，远离不需要帮助的儿童。

瑞吉欧教学法的创建者马拉古奇同样强调环境的作用。在瑞吉欧教育法中，环境被视为儿童的"第三位教师"，强调通过个性化的空间和材料支持儿童的活动与游戏，同时强调将外面的世界带入儿童的生活，形成儿童、家庭、教师之间的学习共同体。可见，托育机构的环境在儿童早期发展中起着重要的作用。那么，在创设托育机构环境的过程中，应注重发挥它的哪些功能呢？

一、满足婴幼儿的需要

近期的一项研究表明，托育机构中婴幼儿的生活活动占其一日生活总时长的百分比为 64.7％—70.6％，这些生活活动包括入园接待、进餐、盥洗与排泄、睡眠、离园等。[③]因此，照料婴幼儿的生活和满足其生活需要是托育机构环境创设的首要目标。

托育机构的睡眠区、进餐区、尿布更换区、盥洗区能满足婴幼儿睡觉、饮食和排泄的基本生理需要。拿更换尿布来说，在婴幼儿能自主如厕之前，这是他们重要的生活环节之一，因此，该区域的布置既要注重趣味性，又要具备实用性。在趣味性方面，可以通过在尿布更换台的上方安装镜子实现，这样婴幼儿不仅能够在镜子中看到自己，而且还可以观察到成人正在进行的活动。在实用性方面，需确保尿布更换台的高度适应成人身高，以避免频繁弯腰对保育师腰背部造成损伤。这种方式可以增加婴幼儿与成人和周围环境的互动，激发他们的好奇心和探索欲望。本书的学习模块四将对如何创设睡眠区、进餐区和盥洗区做出详细的介绍。

除了考虑生活需要外，还需要考虑婴幼儿的心理需要，比如，对安全和依恋的需要。在教室中为婴幼儿提供一个安静、舒适的角落，如摇椅、柔软的靠垫等，能够让婴幼儿有一个独处的空间，这有助于他们获得安全感。

依恋是指儿童与成人之间建立起来的强烈的情感联结。与保育师建立安全的依恋对婴幼儿适应托育机构的生活、积极主动探索托育机构的环境，乃至进行社会交往和取得学业成就都非常重要。[④]因此在创设环境的

---

① Strong-Wilson, T., & Ellis, J., "Children and Place: Reggio Emilia's Environment as Third Teacher," *Theory into Practice*, 2007, 46 (1).

② Montessori, M., *The Absorbent Mind*, New York, Henry Holt Company, 1995, p.10.

③ 刘馨、张静钊：《托育机构婴幼儿一日生活观察与评价的现状调查——以北京市某托育机构为例》，载《学前教育（幼教）》，2021（Z1）。

④ 周欣：《托幼机构教育质量的内涵及其对儿童发展的影响》，载《学前教育研究》，2003（Z1）。

过程中，要从空间、材料、时间等多方面考虑，帮助婴幼儿尽快建立与保育师之间的依恋关系。比如，在空间上要注重家长接待区的设置，方便安全接送以及家长与教师的沟通；可以在活动室入口的位置投放与婴幼儿生活经验相关的、有吸引力的材料；鼓励婴幼儿参与班级环境创设；为婴幼儿及家庭预留并规划好入托适应的时间等。

二、支持婴幼儿的自主

婴幼儿的年龄越小，越需要通过环境创设来支持他们的自主活动。根据埃里克森的心理社会发展理论，发展自主性是1—3岁婴幼儿的核心任务。当婴幼儿的自主需要得到满足时，他们会形成"我是有能力的"信念，获得对环境的掌控感和自我效能感。邓肯等提出了一些在环境创设的过程中支持婴幼儿自主性的建议。[1]这些建议包括提供符合婴幼儿高度的家具和开放的架子（见图1-5），支持婴幼儿自主取用材料，提供给婴幼儿大量非结构的、开放的时间，提供丰富、多样的材料供婴幼儿选择，鼓励婴幼儿通过收集可回收材料、开放性材料及自然材料等参与班级环境创设，鼓励婴幼儿参与制定班级规则和行为规范等。

图 1-5 符合婴幼儿高度的开放的架子

三、促进婴幼儿的发展

托育机构的环境是保育师根据一定的教育目的，有计划地利用各种因素创设的，其目的是促进婴幼儿的发展。精心创设的环境可以促进婴幼儿各方面的发展。比如，入托后婴幼儿会拥有带自己名字或照片的水杯、毛巾、储物柜等个人物品（见图1-6），这有助于婴幼儿自我意识的发展。在活动室内设置不同的活动区，提供适宜的材料，能为婴幼儿提供参与多种活动和深度游戏的机会。提供足够数量的同类物品能促进婴幼儿参与平行游戏，互相观察模仿。提供舒适的私密空间能帮助婴幼儿管理情绪等。在精心设计的环境中，婴幼儿得以获取整合的学习经验，将生活体验与游戏活动有机地结合，同时能够参与多样形式的游戏，为其最佳发展提供了可能。

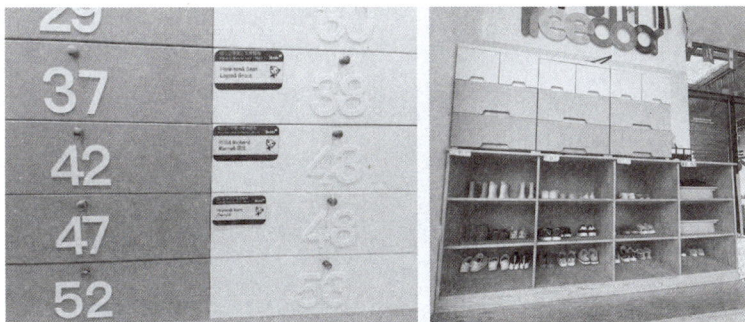

视频资源

利用日常材料游戏

图 1-6 带有班级和婴幼儿名字的鞋柜、储物柜

名人名言

在教育上，环境所扮演的角色相当重要，因为孩子从环境中吸取所有的东西，并将其融入自己的生命之中。

——玛丽亚·蒙台梭利

四、支持沟通与交流

环境是保育师和婴幼儿互动的桥梁。保育师在观察婴幼儿日常活动时可以了解婴幼儿对某种活动的偏好和材料的使用情况，据此对环境做出调整；之后可以再次观察婴幼儿在活动中的状态，看更新后的环境是否满足婴幼儿当前的兴趣和发展水平。

---

[1] ［美］桑德拉·邓肯、乔迪·马丁、萨莉·豪伊：《儿童视角的幼儿园班级环境创设》，马燕、马希武译，15页，北京，中国轻工业出版社，2020。

良好的环境能引发婴幼儿与同伴进行互动的兴趣。婴幼儿通过与同伴讨论托育机构的环境布置来表达自己的观点和看法。比如,保育师在班级内创建了"我们一家人"的照片墙,婴幼儿可以借此机会向同伴介绍自己的家庭,说说家庭成员及其职业,从而增进他们之间的情感。

环境是家园沟通的渠道。托育机构每周公示的食谱、班级一周活动安排、家长信息栏等(见图 1-7),可以让家长了解婴幼儿在托育机构的生活和学习情况。

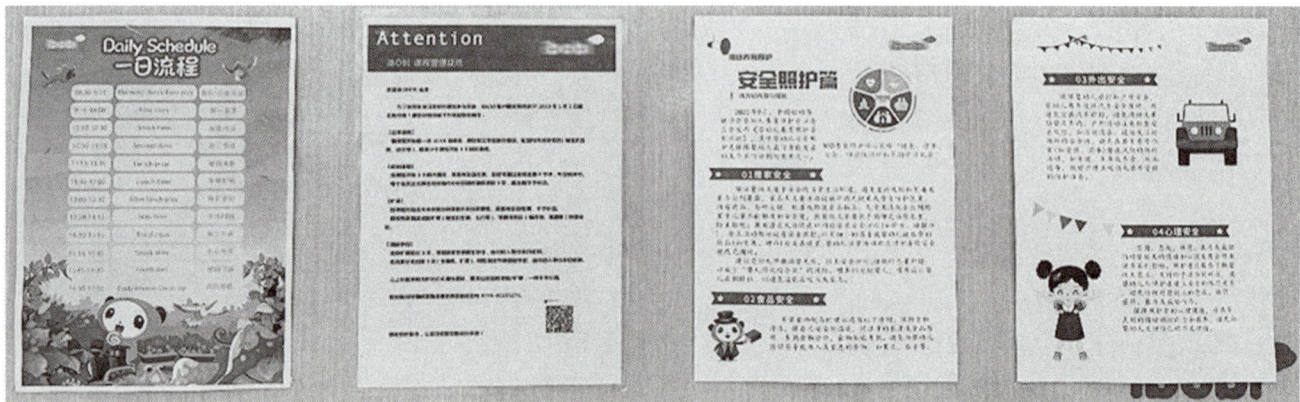

图 1-7　某托育机构的信息公告栏

那么,如何才能更好地发挥环境的信息交流与沟通功能呢?

环境承载着沟通交流的功能,应该具备流动性,也就是说,托育机构的环境创设要根据婴幼儿的兴趣爱好、年龄特点等进行调整,做到动态变化。这样不仅能够满足婴幼儿发展的需要,而且能够向家长展示婴幼儿在托育机构的发展状况。婴幼儿与物质环境的互动情况可以告诉保育师当前的环境创设是否适合婴幼儿的发展和需要,保育师需要先观察婴幼儿在机构中的游戏与活动参与情况,然后通过调整环境来进一步支持婴幼儿的发展。

学习效果检测

1. 试论述托育机构环境的功能并举例说明。
2. 请举例说明如何在创设托育机构环境的过程中支持婴幼儿的自主活动。
3. 托育机构环境创设的哪些方面可以促进婴幼儿的发展?

文本资源

参考答案

延伸阅读

更多关于婴幼儿依恋的文章:

杨丽珠、董光恒:《依恋对婴幼儿情绪调节能力发展的影响及其教育启示》,载《学前教育研究》,2006(4)。

依恋是儿童早期社会关系的重要内容,对个体的情绪调节能力的发展具有重要的价值。本文在归纳大量研究的基础上,指出了依恋对个体情绪调节的影响,以及对幼儿教育的启示。

学习任务三
托育机构环境创设的基本原则

学习任务单

学习目标	学习完本任务，你应该能够： ①熟悉托育机构环境创设的基本原则。 ②掌握托育机构环境创设的基本原则。
学习要点	重点、难点： 结合案例理解托育机构环境创设的基本原则。
学习建议	学习前： 完成模块下的学习初体验活动。 学习中： 考察一所托育机构，看其是否满足了本任务中提到的环境创设的原则。 学习后： 完成本学习任务后的检测题。
学习运用	你觉得在哪些工作场景中可以运用到本任务所学的知识?（学生填写）
学习反思	记录你在学习过程中的相关思考。（学生填写）

📚 案例导入

1岁半的月月在玩蒙氏圆柱插座教具（见图1-8）时，有意用手指探索插座洞的粗细，但在探索时被插座卡住。教师及时发现后先对月月进行安抚，然后引导月月伸直手指并慢慢从插座中抽出。圆柱插座有大小不一的孔径，稍小的孔可能会卡住儿童的手指。年龄较小的儿童或者没有掌握玩法的儿童，在操作圆柱插座时或许会直接将手指伸进插孔中，稍不注意就会卡住手指。教师在了解这些情况后，先暂时将圆柱插座收起来，向儿童介绍玩法后再重新投放。

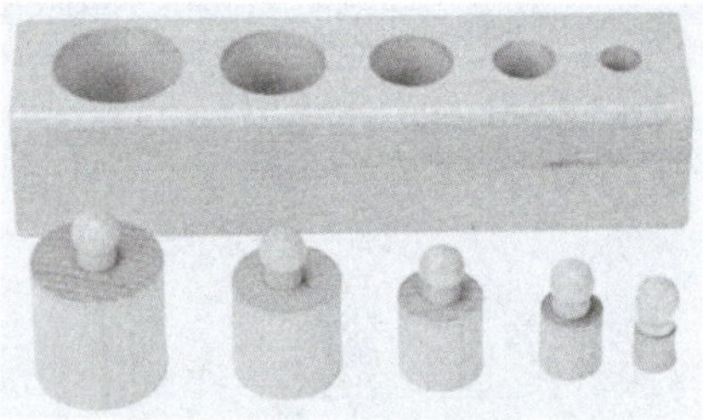

图1-8　蒙氏圆柱插座教具

托育机构环境创设虽说没有一个所谓"标准答案"，但保育师[1]在做环境创设时首先要考虑的是婴幼儿的安全，然后再考虑婴幼儿的发展。保育师要观察婴幼儿和环境互动的状态，并根据观察的情况重新考虑空间的布局、材料的投放等。要鼓励婴幼儿的参与，尊重婴幼儿在环境创设过程中的主体性。

一、安全性原则

婴幼儿的健康成长离不开安全的环境，托育机构的环境首先要确保婴幼儿的安全。除了给婴幼儿提供安全的物质环境外，托育机构还应创设一个富有安全感的精神环境。安全性原则指的是托育机构的建筑、设备和玩教具等有形的物质必须满足国家颁布的相关卫生标准和安全标准，不会给婴幼儿的人身安全和身心发展带来隐患。[2]

（一）托育机构建筑的安全

1. 整体建筑

根据《托儿所、幼儿园建筑设计规范》（JGJ39-2016）（2019年版）的要求，四个班及以上的托儿所建筑应独立设置，三个班及以下的托儿所可与居住等建筑合建。托儿所合建的既有建筑应经有关部门验收合格，符合抗震、防火等安全方面的规定。另外，应设独立的疏散楼梯和安全出口。托儿所的外廊、室内回廊、阳台、平台及室外楼梯等临空处应设置防护栏杆，栏杆应以坚固、耐久的材料制作。楼梯踏步面应采用防滑材料，楼梯栏杆应采取不易攀爬的构造，当采用垂直杆件做栏杆时，其杆件净距不应大于0.09m。托育机构除了满足以上硬性标准外，还应定期安排专业人员对建筑进行检修。

2. 活动区

为了确保婴幼儿的安全，活动区的空间密度不宜过大。如果空间密度过大，就会增加婴幼儿之间的攻击性行为，还容易造成拥堵、碰撞等安全事故。

《托育机构设置标准（试行）》中规定，托育机构一般设置乳儿班（6—12个月，10人以下）、托小班（12—24个月，15人以下）、托大班（24—36个月，20人以下）

政策链接

《保育师国家职业技能标准（2021年版）》要求，保育师要掌握相关环境知识，比如，婴幼儿生活环境创设知识、婴幼儿支持性环境创设知识、合作共育基本知识。

学习笔记

---

[1]　2021年12月，人力资源社会保障办公厅颁布的《保育师国家职业技能标准》，将在托育机构及其他保育场所中，从事婴幼儿生活照料、安全看护、营养喂养和早期发展工作的人员称为保育师。2019年10月国家卫生健康委印发的《托育机构设置标准（试行）》，将负责婴幼儿日常生活照料，安排游戏活动，促进婴幼儿身心健康，养成良好行为习惯的工作人员称为保育人员。"保育师"和"保育人员"二词在本书中通用。

[2]　袁爱玲：《幼儿园环境创设》，16页，长沙，湖南大学出版社，2015。

三种班型。现实情况中,一些托育机构每个班的人数会比规定人数多,再加上部分班级的建筑面积较小,就会导致活动区的空间密度过大,增加意外伤害的概率。

为了减少安全隐患,托育机构在招生时就应根据自身空间的实际情况确定合适的招生数量,同时在开展日常活动时可以采用分组或室内外相结合的方式来增加婴幼儿可使用的空间。

📑 **关键术语**

空间密度

空间密度是指在一个既定的环境中每一个儿童可以使用的空间大小,即室内拥挤程度的指标,数值越低,密度越大,表示越拥挤。[1]

空间密度的计算公式为:空间密度=(活动区域的大小-不可用的空间大小)/儿童人数。[2]

(二)户外游戏场地的安全

儿童在进行户外活动时,动作常是大幅度的,如跑、跳、蹦、攀爬等。因此,较大的空间才能让儿童充分施展,从而避免碰撞、拥挤等。《托儿所、幼儿园建筑设计规范》(JGJ39-2016)(2019年版)规定,托儿所室外活动场地人均面积不应小于 $3m^2$,城市人口密集地区改、扩建的托儿所,设置室外活动场地确有困难时,室外活动场地人均面积不应小于 $2m^2$。

除了保证合理的人均活动面积外,户外游戏场地的设施设备也应该确保其安全性。户外游戏场地的地面应尽量使用软性材质,以防婴幼儿摔伤;固定游戏器械之间要留有缓冲和防护距离,防止婴幼儿在穿行时误伤。同时,还应对游戏场地进行定期的检查和维护,预防器械老化受损。室外活动场地如果使用塑胶,质量应合格。

(三)设施设备的安全

设施、设备包括消防设备、生活设备、教学设备、游戏设备等。[3]对于婴幼儿经常接触并使用的设备,如床、桌椅、玩具柜等,它们的设计要符合婴幼儿的年龄特点和安全卫生要求,设备各个接触面尽量是圆润的弧形,而不是锐角或凸角。婴幼儿不经常接触的设备设施,要保证其有正常的运作功能,以免设备老化带来危害。此外,还应加强对设备设施的日常管理,坚持定期检查和维修,以便确保其安全有效地工作。比如,检查门窗是否松动,检查消防设备能否正常使用,检查电路是否损坏等。

(四)玩教具的安全

托育机构中婴幼儿的日常活动是游戏,玩教具是婴幼儿最常接触的物品。婴幼儿喜欢用嘴和手去接触玩教具,如果玩教具表面含有有毒物质,很可能引发婴幼儿中毒,对其身体造成伤害。因此,托育机构要确保玩教具的安全性,一般建议购买符合《国家玩具安全技术规范》的玩教具。同时,托育机构还要按照规定的程序定期对玩教具清洗消毒和晾晒。根据《托儿所幼儿园卫生保健工作规范》的要求,托幼机构可结合玩教具的特性采取有针对性的消毒措施。如表1-1所示。

✏ **学习笔记**

---

① [美]约翰逊等:《游戏与儿童早期发展》,华爱华等译校,263页,上海,华东师范大学出版社,2006。

② 邱学青:《学前儿童游戏》,305页,南京,江苏教育出版社,2008。

③ 冯芳等:《幼儿园环境创设》,61页,北京,北京师范大学出版社,2015。

表 1-1 托幼机构玩教具消毒方法

玩教具特性	消毒方法	备注
不能湿式擦拭、清洗	物理消毒，每两周至少通风晾晒一次	暴晒时不得相互叠夹，暴晒时间不少于 6 小时。
耐湿、耐腐蚀	化学消毒，使用浓度为有效氯 100—250mg/L 的含氯消毒剂	每次表面擦拭、浸泡消毒 10—30 分钟，根据污染情况，每周至少清洁消毒 1 次。

🛰 备考指南

2019 年高级育婴师从业资格考试真题

婴儿的（   ）都应该定期消毒，避免细菌在上面滋长而传播给宝宝。

A. 玩具   B. 餐具   C. 卧具   D. 以上都是

【参考答案】D

2021 年中级育婴师从业资格考试真题

为餐具、服装、被单等物品消毒适宜用（   ）。

A. 日光暴晒法   B. 煮沸消毒法   C. 擦拭消毒法   D. 喷雾消毒法

【参考答案】B

2021 年高级育婴师从业资格考试真题

简答题：常用清洁、消毒的办法有哪四种？适用于何种物品？

【参考答案】煮沸消毒法适用范畴为餐具、服装、被单等物品。日光暴晒法适用范畴为被褥、床垫、毛毯、书籍等物品。擦拭消毒法适用范畴为家具表面。喷雾消毒法适用范畴为室内空气、居室表面和家具表面。

🔍 拓展阅读

创设安全物理环境的清单①

在创设托育机构的环境时，安全是首先需要考虑的因素。美国西部教育中心曾提出了创设安全物理环境的清单，可供我们在创设环境时参考。

①给所有的电源插头加保护盖。

②遮盖所有的加热设备，使儿童远离它们。

③保护儿童远离所有的窗户和镜子，除非它们是防破碎的。

④移除或系好所有的卧具帷帐（清除长绳、细线和任何能缠绕的带状物品，以防止勒伤儿童）。

⑤避免使用易滑倒的地毯。

⑥了解处理火灾的应急措施。要掌握灭火器与安全通道的数量和位置，以及带儿童逃生的方法。然后，定期安排防火演习。

⑦确保环境中无有毒植物。

⑧确保所有的家具稳固且维护良好。

⑨拿走所有玩具储存箱的盖子，以免发生意外。

---

① ［美］珍妮特·冈萨雷斯-米纳等：《婴幼儿及其照料者——尊重及回应式的保育和教育课程》，张和颐等译，333 页，北京，商务印书馆，2016。

⑩确保儿童床和其他的儿童家具达到《消费者权益保护法》规定的安全标准；木条间需要衔接紧密，不会卡住儿童的头；床垫需要牢牢固定，防止儿童跌入床垫和墙壁的缝隙中导致窒息。

⑪始终确保所有的药品和清洁用品远离儿童。

⑫注意有小零件的玩具，它们可能会松动并被儿童误食（如毛绒玩具上的扣子）。

⑬清除所有已损坏的玩具和其他物品。

⑭确保所有的玩具或材料是无伤害的或不含有毒物质。

⑮了解急救和心肺复苏（CPR）的方法。

⑯准备一个急救箱。

⑰在手机中存入急救号码和家长的紧急联络信息。及时更新家长的紧急联络号码。

⑱确保所有的设施适合儿童的年龄特点。例如，对于学步儿童来说，应该减少攀爬设施的比例。

⑲对儿童做好监护，允许他们冒一些小风险去探索，但不能任其进行可能带来严重后果的冒险活动（对于男孩和女孩来说，你所允许的冒险程度没有差异）。

二、适宜性原则

适宜性原则指的是托育机构的环境创设要与婴幼儿的年龄特点、个性特征、社会文化背景等相互匹配和协调，要满足婴幼儿全面发展的需求。

现阶段我国的托育机构一般分为乳儿班、托小班和托大班，这三个年龄阶段的婴幼儿身心发展的特点具有差异性，在环境创设时应考虑到婴幼儿的年龄特点，做到具体问题具体分析。

1. 乳儿班

乳儿班的婴儿月龄在 6—12 个月，这个阶段的婴儿已与母亲建立依恋关系。当妈妈离开时，他们会烦躁不安，容易产生焦虑情绪。在进行乳儿班的环境创设时，要尽量营造出温馨的家庭氛围，以便婴儿更好地适应托育机构的环境。

这个阶段的婴儿认知能力、精细动作能力、语言能力、社交行为能力、大动作能力等开始迅速发展，要充分结合婴儿的身心发展特点，为婴儿提供适宜的发展环境。这个时期婴儿大肌肉动作快速发展，喜欢翻身、起身、坐，开始学习爬行，喜欢扶着东西站立。托育机构要为婴儿提供充足的适宜爬行的场地，提供小椅子、体积较大且能推拉的玩具（如小汽车）等，满足婴儿想站立和行走的需要。供婴儿练习走路的地面质地应具有多样性，可以是木制地板，也可以是地垫，这样可以为婴儿学走路提供不同的触觉感受，同时也有利于初学走路的婴儿在上面行走。这个时期的婴儿精细动作开始发展，双手可以拿住玩具，拇指、食指也开始分化，由五指的大把握逐步过渡到拇指和其他四指相对捏住物品，托育机构可以为婴儿提供各种适合倒来倒去的物品，如各类小盆、积木以及勺子，以便鼓励婴儿参与倒来倒去和舀来舀去的游戏。

保育照料也需要考虑年龄适宜性。在睡眠方面，保育师要保证该月龄的婴儿获得充足的睡眠，帮助其养成独自入睡和作息规律的习惯。在饮食方面，在引入新食物时要密切观察婴儿有无皮疹、呕吐等不良反应，同时保育师要鼓励婴儿尝试独立进食。在生活卫生方面，保育师要及时更换尿布，在照料过程中注重与婴儿的互动交流。

2. 托小班

托小班的孩子月龄在 12—24 个月，这个阶段的幼儿已经形成稳定的依恋关系，他

💡 想一想

乳儿班是否需要大面积铺设地垫？为什么？

们知道妈妈离开后还会回来，基本的安全感已形成。同时，在这个阶段，幼儿的身体动作能力有所提高，活动范围扩大，对外面的世界充满好奇，出现频繁的探索行为。他们会在清醒时花大量时间对尽可能多的环境和物品进行探索，喜欢四处看看，动手摸摸，用嘴咬咬。因此，在进行托小班的环境创设时，可以提供充足的材料让幼儿感知，以此来满足他们的好奇心。比如，可以给幼儿提供可以放在嘴里的小物品、可以撕的布书等。这个阶段的幼儿非常喜欢在户外游戏，喜欢兴致勃勃地探索草地、小蚂蚁、植物、泥土等，因此要保证托小班幼儿有足够的户外活动时间和空间。

在睡眠方面，保育师要帮助幼儿形成相对稳定的睡眠和唤醒规律，逐步培养幼儿独自入睡的习惯。在饮食方面，要为幼儿提供多种食物，鼓励和协助他们自己进食，根据幼儿的进食需求，提供回应性喂养。在生活卫生方面，保育师要鼓励幼儿及时表达自己的如厕需求，形成一定的排便规律。

3. 托大班

托大班孩子的月龄在 24—36 个月，这个阶段的幼儿已有较强的自我意识和语言表达能力，动作技能提高，社会性也逐步发展。他们的动手能力明显增强，常常喜欢摆弄玩具；他们已经熟练掌握以前获得的运动技能，喜欢跑、跳、攀爬等；他们的社会性开始显现，喜欢同伴之间的观察模仿。在进行托大班的环境创设时，应提供丰富多样的可操作性材料，让幼儿在自主游戏中获得不同的经验；为他们提供小三轮车、小秋千、攀爬架、平衡木等物品，满足其动作发展的需求；提供与幼儿生活密切相关的材料，如毛巾、杯垫、拉链、衣架、餐具、饼干盒等，满足幼儿象征性游戏和社会性游戏的需要；另外，提供足够数量的同种类材料，支持幼儿参与平行游戏。

在睡眠方面，保育师要保证托大班的幼儿每日有充足的午睡时间，引导幼儿自主做好睡眠准备。在饮食方面，保育师要引导幼儿认识和喜爱多种蔬菜、水果，培养他们专注的进食习惯和选择多种食物的能力。在生活卫生方面，保育师要培养幼儿主动如厕的能力，引导幼儿便后使用肥皂或洗手液正确洗手。

婴幼儿的年龄特征既有普遍的规律性，也存在个体差异。保育师不仅要根据婴幼儿发展的一般年龄特点和规律，还要依据本班婴幼儿的实际发展水平进行环境创设。

除了年龄适宜性外，在环境创设的过程中，还需要考虑个体适宜性和文化适宜性。

环境创设考虑婴幼儿的气质类型就是个体适宜性的体现。例如，对于困难型的婴幼儿，应当为其提供一个安静的环境，尽量避免外界噪声、强光和其他不利因素的刺激，保育师和家长要保持平和的心态，通过运动、游戏等形式让婴幼儿合理地宣泄情绪。对于慢热型婴幼儿，可以用婴幼儿熟悉的玩具、喜欢的音乐等吸引他们的注意力，使其对外界环境产生兴趣。[1]

文化适宜性指的是环境创设要考虑婴幼儿的家庭文化背景。托育机构的环境应该反映婴幼儿及其家庭的文化背景，促进婴幼儿对多元文化的理解。例如，托育机构在选择书籍、图片、音乐、情景游戏道具时应该体现文化的多样性，促进婴幼儿对不同文化的理解与尊重。在少数民族聚居区的托育机构，其环境创设，如在服饰、手工创作、日常饮食提供等方面都应该体现不同民族的文化和风俗习惯。

视频资源
听音乐律动

---

[1] 刘焱等：《幼儿园教育环境创设》，22 页，北京，高等教育出版社，2014。

拓展阅读

气质及气质类型

气质是指在情绪反应、活动水平、注意和情绪控制方面所表现出来的稳定的个体差异。婴儿在出生后就表现出某些气质特点，比如，有的婴儿安静，害羞，怕人，有的婴儿则爱哭闹，好动，不认生。[1]了解婴幼儿的气质，就可以因材施教，从而更好地塑造婴幼儿的行为品格。

婴幼儿的气质主要有以下三种类型[2]：

第一类是容易型，也叫易抚养型。该类型的婴幼儿情绪通常表现得较为稳定，其行为是可预测的，饮食起居也有规律。他们对新环境和新鲜事物的反应积极，表现出较强的适应能力。

第二类是困难型，该类型的婴幼儿表现出较多消极情绪，经常大哭，对新鲜事物感到恐惧，且容易分心。他们的情绪飘忽不定，容易惊醒、尖叫，作息不规律。

第三类是慢热型，该类型的婴幼儿通常较为安静，对新事物和其他人的最初反应是消极的，缺少探索的兴趣，适应环境通常比较慢。

三、教育性原则

学习笔记

教育性原则是指在创设托育机构环境时，要考虑环境的教育性，使环境创设的目的与托育机构教育目标相一致，发挥环境作为婴幼儿"第三位教师"的教育功能。[3]

（一）托育机构的环境创设要与教育目标相一致

国家卫生健康委 2021 年 1 月印发的《托育机构保育指导大纲（试行）》（下称《大纲》）明确指出，托育机构的保育重点应当包括营养与喂养、睡眠、生活与卫生习惯、动作、语言、认知、情感与社会性等。《大纲》不仅列出了各领域的目标和指导建议，而且结合婴幼儿的月龄指出了具体的保育要点。

托育机构的环境创设要与《大纲》中各领域的目标保持一致。比如，营养与喂养的目标之一是养成良好的饮食行为习惯，托育机构应该为婴幼儿创造轻松、愉快的进餐环境，提供回应性喂养，不强迫婴幼儿进食。在日常生活中，通过开展饮食教育活动，提供食物图片、饮食主题绘本等形式，引导婴幼儿认识和喜爱各种食物，培养婴幼儿不挑食、不偏食的良好饮食习惯。

（二）创设具有教育性的物质环境

1. 环境创设的提示性和引导性

为了发挥环境作为婴幼儿"第三位教师"的教育功能，创设的环境要有提示性和引导性。比如，在饮水机前的地板上贴一双小脚印（见图1-9），可以减少婴幼儿拥挤、插队的行为。在安静的活动区的墙面上画"嘘"的图案，可以让婴幼儿了解该活动区的要求，从而规范自己的行为。简言之，可以借助环境来提示和引导婴幼儿的行为。

① 何慧华：《0—3 岁婴幼儿保育与教育》，59 页，上海，上海交通大学出版社，2013。
② 托马斯和切斯把大部分幼儿的气质类型归为三类。 Thomas, A., & Chess, S., Temperament and Development, New York, Brunner/Mazel, 1977.
③ 张建波：《幼儿园环境创设》，126 页，北京，教育科学出版社，2014。

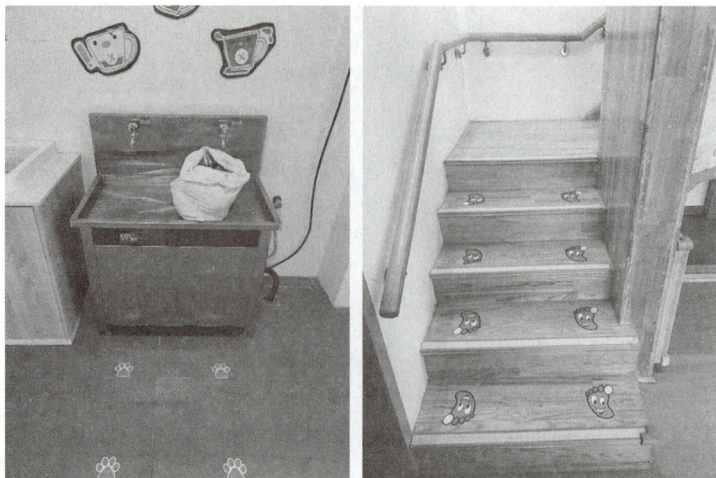

图 1-9 饮水机前/楼梯上印着小脚印

2. 环境创设的浸润性

所谓"浸润性"就是潜移默化、润物无声的境界。婴幼儿的学习发生在一日生活中，环境育人的功能也需要多方位地融入婴幼儿的一日生活。比如，在尿布台的上方放置一面镜子，能够让换尿布的过程更容易一些，也有助于培养婴幼儿的自我意识；在洗手池边放置一个小台阶，让低年龄段的幼儿能自己洗手，有助于培养幼儿的自理能力和独立性；在餐桌边利用图片展示蔬菜从农场到餐桌的全过程，潜移默化地引导婴幼儿了解食物的来源，增强婴幼儿对蔬菜的感知与接纳，从而逐步培养良好的饮食习惯。

（三）创设具有教育性的精神环境

1. 托育机构的文化

视频资源

幼儿自创歌曲

托育机构的文化包括儿童观、倡导的教育理念等。比如，有的托育机构管理者将婴幼儿视作弱小无助的个体，他们认为婴幼儿处处需要保护，只能在成人的陪同下才能完成任务。在这种教育理念的影响下，保育师在环境创设过程中可能就会缩手缩脚，甚至会牺牲婴幼儿的活动机会。而有一些托育机构则把婴幼儿视为有能力的、好奇的个体，他们会在环境创设的过程中尊重婴幼儿的自主性，保护婴幼儿的游戏权利。以婴幼儿学习走路为例，一些机构会在室内铺满地毯，担心婴幼儿因摔倒而发生意外；一些机构则会提供一些平缓的台阶，为婴幼儿增加适度的挑战。

2. 师幼关系

保育师在为婴幼儿提供有情感支持的精神环境中扮演着重要的角色。良好的师幼关系是高质量学习环境的重要方面。要建立良好的师幼关系，保育师需要花时间和婴幼儿单独相处，关注婴幼儿的需要，然后对婴幼儿的需要给予积极的回应。比如，当婴幼儿哭泣时，保育师可以从婴幼儿的行为中获得线索，判断婴幼儿是需要换尿布还是想暂时逃离当前的环境或刺激物。然后，保育师会调整自己的步调，回应婴幼儿的需要。可见，良好的师幼关系需要时间去建立。减少托育机构的人员流动，提高师幼比，都有助于保育师与婴幼儿之间建立持续稳定的关系，有助于为婴幼儿创设安全温暖的精神环境。

四、主体性原则

婴幼儿要在托育机构中度过大量的时光，因此，我们需要从婴幼儿的视角来思考托育机构环境创设的问题。托育机构的环境创设是为婴幼儿服务的，在创设过程中应该尊重婴幼儿的主体性，让他们参与到环境创设中来。

婴幼儿参与托育机构的环境创设，有助于他们对机构形成归属感。托育机构的婴幼儿由于年龄较小，可能无法像幼儿园的幼儿一样表达自己对环境创设的观点和意见，但他们仍然可以有多种参与形式。比如，我们前面提到的，在环境创设过程中，增加一些与婴幼儿生活经验相关的材料，提供反映婴幼儿的家庭文化背景的元素等。

还有一种参与形式是以保育师对婴幼儿的观察为媒介的。保育师通过观察婴幼儿的游戏和活动中的行为表现，可以了解婴幼儿的活动偏好及使用某种材料的频率，据此可以判断他们对哪种活动和材料感兴趣，从而在接下来的材料投放中做到及时有效的调整。保育师应多投放一些可以调动婴幼儿多种感官体验的自然材料和日常材料。保育师调整材料的主要方式有添加和删减。①

添加材料指的是在原有材料的基础上增加新的材料。投放新材料的目的是激发婴幼儿的探索欲望，扩充现有材料的玩法。在投放新材料的时候，一次投放的种类和数量不宜过多，以免婴幼儿面对陌生的材料手足无措。

删减材料指的是在原有材料的基础上适当减少一些材料。保育师在观察婴幼儿的活动时，会发现他们对投放的某种材料失去兴趣，这时就可以回收这种材料。有时为了给婴幼儿的活动增加适当的难度和挑战，也可以考虑回收部分材料。

> **名人名言**
>
> 环境的物理属性是高质量幼儿教育的一部分，它与师资教育和经验同样重要。②
>
> ——麦斯威尔

拓展阅读

托育机构材料投放的建议

1. 材料本身要符合卫生安全标准

托育机构采购的活动材料应符合国家玩教具的相关标准，要从正规渠道购买。购买的材料要在检查、清洗和消毒后方可投入使用。

2. 增加自然材料的投放③

自然材料能够刺激婴幼儿的感官、想象力和创造性。自然材料能带给婴幼儿丰富的触觉、嗅觉体验，这与生产线上制造的标准化的玩具有本质的不同。

3. 材料的放置要合理④

考虑到托育机构婴幼儿的年龄特点，在放置材料时应遵循便捷、安全的原则。材料柜应以两层为宜，柜子顶面也可以放置一些物品，其高度应符合婴幼儿的身高。

---

① 冯芳等：《幼儿园环境创设》，68 页，北京，北京师范大学出版社，2015。

② Maxwell, L. E., "Competency in Child Care Settings: The Role of the Physical Environment," *Environment and Behavior*, 2007, 39(2).

③ ［德］安吉丽卡·冯·德·贝克：《如何创建日托保教空间——0—3 岁托育机构环境创设指南》，张世胜等译，125 页，北京，北京师范大学出版社，2021。

④ 陈凤：《2—3 岁幼儿托育机构区角材料投放策略》，载《教育观察》，2021（12）。

学习效果检测

1. 试说明托育机构环境创设要如何遵循安全性原则。
2. 试论述托育机构环境创设的哪些方面可以体现主体性原则。
3. 请举例说明托育机构环境创设存在的问题。
4. 常用的清洁、消毒办法有哪些,分别适用于何种物品?

文本资源

参考答案

延伸阅读

更多关于构建安全的托育机构环境的文章:

邓晓凌、史大胜:《安全标识与婴幼儿安全教育》,载《学前教育研究》,2019(1)。

婴幼儿安全教育是学校教育的重要内容。借助安全标识开展安全教育,符合婴幼儿通过"读图"等视觉刺激来学习的认知特征。本文从专业角度探讨了通过安全标识开展婴幼儿安全教育的现实需要,同时指出了婴幼儿安全标识体系的设计要点,给一线教师创设安全的托育机构环境提供了参考。

学习模块二
做好整体规划

　　近些年来，为了解决 0—3 岁婴幼儿的照护问题，国家鼓励并支持新建、改建和扩建托育机构以满足广大家长的托育服务需求。那么，你知道如何为新建的托育机构选址吗？家庭式托育机构和中心式托育机构在选址上有什么异同点？需要考虑哪些问题呢？另外，托育机构在建筑布局上需要满足哪些要求呢？通过本模块内容的学习，希望你能够在参观几所托育机构的基础之上，分析和总结托育机构在选址和建筑布局方面的特点。同时，期待你能够学有所用，为托育机构创办者在选址和建筑布局上提供建设性的建议。

学习导图

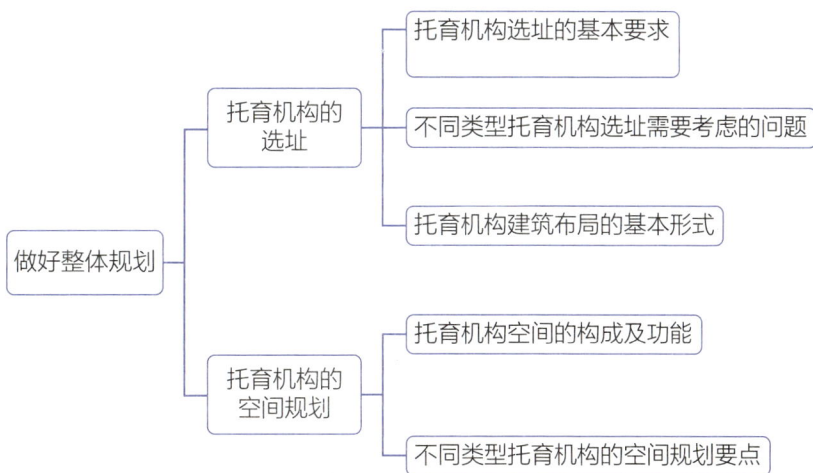

做好整体规划
- 托育机构的选址
  - 托育机构选址的基本要求
  - 不同类型托育机构选址需要考虑的问题
  - 托育机构建筑布局的基本形式
- 托育机构的空间规划
  - 托育机构空间的构成及功能
  - 不同类型托育机构的空间规划要点

学习初体验

　　思考与练习活动：假设你要开设一家托育机构，在选址上你会考虑哪些因素呢？请你把想法列出来。

　　实践体验活动：参观几家托育机构，看一看不同托育机构在选址和建筑布局上有哪些异同点，想一想这样的选址和建筑布局会给机构和婴幼儿带来什么样的影响。

学习任务一
托育机构的选址

学习任务单

学习目标	学习完本任务，你应该能够： ①理解和掌握托育机构选址的基本要求。 ②知道不同类型的托育机构在选址上的异同点。 ③了解不同选址条件下适宜的建筑布局形式。
学习要点	重点、难点： ①了解托育机构在选址上需要满足的条件。 ②能够区分不同类型的托育机构在选址上的异同点。
学习建议	学习前： 　　完成模块下的学习初体验活动。 学习中： 　　完成本章中的阅读和讨论活动。 学习后： 　　完成本学习任务后的检测题。
学习运用	你觉得在哪些工作场景中可以运用到本任务所学的知识?（学生填写）
学习反思	记录你在学习过程中的相关思考。（学生填写）

案例导入

小米妈妈是全职妈妈，她想给快2岁的小米找一家托育机构，考察了几家都觉得不满意，于是决定自己创办一家小型的托育机构，结果在选址的时候就遇到了困难。一个选择是城市中心的商业区写字楼，采光、通风都很好，可以设置4个班，但没有户外活动场地，楼下就是城区主干道，存在一定的安全隐患和噪声污染。另一个选择是附近小区内的居民楼一、二楼，能容纳大约20个孩子，一楼有一处庭院，可以作为户外活动场地，但业主不同意对卫生间进行改造。附近居民中年轻父母所占比例不高，生源难以保障。

如果小米妈妈就机构的选址问题来向你求助，你会给她什么样的建议呢？

一、托育机构选址的基本要求

托育机构的选址不仅关乎机构自身的长远发展，而且关涉机构中婴幼儿的身心发展。因此，对于托育机构的创办者而言，需要依据婴幼儿照护服务相关政策要求，结合人口密度、人口增长、婴幼儿照护服务需求、交通、环境等因素综合考虑，合理选址，方能为婴幼儿提供一个安全健康、支持性的环境。虽然不同规模和性质的托育机构在选址上有差异，但都需要遵循一些基本要求。

（一）安全保障

托育机构要把婴幼儿的安全放在工作的第一位。在选址上，需要充分考虑安全问题，避开交通主干道、小河等有危险的地方，以防婴幼儿出现意外事故，威胁到生命安全。

（二）无污染

空气污染和噪声污染会影响婴幼儿的身心健康。托育机构要远离污染严重的工业区、垃圾及污水处理站等场所，防止婴幼儿吸入二氧化硫、二氧化氮、一氧化碳、铅化合物、飘尘等有害物质，避免对婴幼儿的身心造成危害。

噪声污染不仅会损害婴幼儿的听觉，而且会使中枢神经的调节功能紊乱，产生心跳加快、血压波动、慢性疲劳和情绪烦躁等问题。因此，托育机构不宜在公共娱乐场所、集贸市场附近等环境嘈杂的地方选址。

（三）地质条件良好

托育机构要避免在低凹的地方选址，防止暴雨暴雪天气导致的排水不畅通所带来的安全和卫生问题；也要避开易发生地质灾害的地区及输气管道和高压走廊等危险的地方。因此，托育机构要在地势平坦、场地开阔、地质干燥坚实、易于排水的地方选址。

（四）光照充足

采光不足会使人感到压抑，对心理健康产生消极作用，并且会降低婴幼儿的免疫力，不利于婴幼儿的生长发育。因此，托育机构要避免被高大的建筑物遮挡，保证室外有充足的阳光。同时，托育机构室内的活动室、休息区、卫生间等区域也需要有日光照射（见图2-1）。

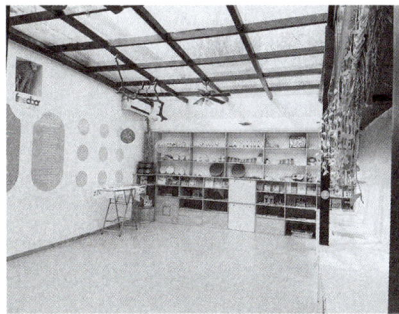

图2-1 某托育机构公共区的阳光房

托育机构在进行选址时要切实考虑以上基本要求，对婴幼儿的健康和安全负责，也让家长能够放心地把孩子托付给托育机构，满足家长的照护服务需求。

对于扩建和改建的托育机构，除了要满足上述基本要求外，还要满足以下几点要求：首先，要对扩建或改建的托育机构的选址进行综合的评估；其次，在原有地址的基础上，对一些不利条件进行改造。例如，在易受到噪声干扰的地方，可以通过增加隔音材料来减少不良环境的影响；在光照不足的地方，适当增加窗户数量或调整窗户大小来满足光照需求。

🔍 **拓展阅读**

《托儿所、幼儿园建筑设计规范》(JGJ39—2016)摘选
(2019 年版)

3.1　基地

3.1.1　托儿所、幼儿园建设基地的选择应符合当地总体规划和国家现行有关标准的要求。

3.1.2　托儿所、幼儿园的基地应符合下列规定：

1　应建设在日照充足、交通方便、场地平整、干燥、排水通畅、环境优美、基础设施完善的地段；

2　不应置于易发生自然地质灾害的地段；

3　与易发生危险的建筑物、仓库、储罐、易燃物品和材料堆场等之间的距离应符合国家现行有关标准的规定；

4　不应与大型公共娱乐场所、商场、批发市场等人流密集的场所相毗邻；

5　应远离各种污染源，并应符合国家现行有关卫生、防护标准的要求；

6　园内不应有高压输电线、燃气、输油管道、主干道等穿过。

3.1.3　托儿所、幼儿园的服务半径宜为 300m。

《托育机构建设标准(征求意见稿)》摘选

第十二条　托育机构的选址应符合婴幼儿照护服务体系建设要求，结合人口密度、人口增长、婴幼儿照护服务需求、交通、环境等因素综合考虑，合理布点，保障安全。

第十三条　托育机构的选址应符合下列规定：

一、交通便利，环境安静，有良好的自然通风和采光条件，远离对婴幼儿成长有危害的建筑、设施及污染源，符合卫生和环保要求。[①]

二、具有较好的工程地质条件和水文地质条件。

三、市政基础设施完善。

四、托育机构宜设置在居住区内相对中心区域，可独立设置或结合公共服务设施等设置，宜设置独立出入口。

二、不同类型托育机构选址需要考虑的问题

当前我国城市地区 0—3 岁婴幼儿的托育服务形式以幼儿园托班、托育园为主。托育园又称托育中心或中心式托育机构，以民营为主，主要集中在商业区，难以就近解决家长送托需求。此外，商业区的场地租金提高了托育园的运营成本，导致托育费用普遍偏高。在此背景下，家庭托育点作为一种新型的小微规模的托育服务形式应运而生。[②]家庭托育点一般设立在住宅区内，照护人员主要为社区中的全职妈妈及聘请的有经验的

---

① 　此处有改动。

② 　王兴华、张萌萌：《家庭托育点规范化发展的国际经验及启示——基于政策工具的视角》，载《学前教育研究》，2022（1）。

照护人员。相较于中心式托育机构，家庭托育点一般收托人数少，收托时间弹性较大，托育服务内容以生活照料为主。由于两者在人数规模、服务内容等方面的差异性，两者在选址方面需要考虑问题的侧重点也不尽相同。

家庭托育点一般设立在住宅区内，因此在进行选址时，要充分考虑住宅区的公共环境情况。例如，小区内的绿化条件如何，是否有儿童游乐设施等。另外，在具体楼层和位置的选择上，要考虑房屋的通风、光照条件和噪声情况等，尽量不临近住宅区外的主干道，给婴幼儿提供一个安静的环境。

图2-2中的家庭托育点位于住宅区一层，婴幼儿到户外进行活动非常便利。此外，入户门位置的小庭院能够放置一些设施和器材，可供婴幼儿开展一些户外活动。该家庭托育点在选址时充分考虑了所在小区的公共资源。小区内环境优美，有紫荆树、石榴树等多种植物，还有公共的儿童游乐设施（见图2-3），可以满足婴幼儿户外活动的需要。

托育园规模一般较大，因此需要面积较大的独立空间。全日制的托育园要为婴幼儿提供户外活动的空间，满足婴幼儿户外活动的要求。当前，有不少托育园设置在繁华的商业区，由于户外的活动场地受限，这类托育机构不仅要在室内开辟活动的空间，也要充分利用周边资源和条件来保障婴幼儿户外活动的时间。在选址上，除了要满足婴幼儿基本的空间和环境需求外，托育园还要考虑服务对象的人数和建设成本，最好选在临近住宅区或家长的工作区，方便家长接送。

以某托育园为例，附近的住宅区和工作区都很密集，因此其生源能得到保障，也能够满足附近家长对托育服务的需求。另外，该托育园充分利用周围的资源，在与主体建筑隔一条马路的室外空间开辟出一个供幼儿进行户外活动的独立区域，并用栅栏将户外活动区与其他区域分隔开来（见图2-4）。

图2-2　某家庭托育点小区内的儿童游乐设施

图2-3　某家庭托育点小区内的儿童游乐设施

图2-4　某托育园独立的户外活动区

💡 想一想

《托育机构建设标准（征求意见稿）》第三十条规定：新建独立的托育机构建筑宜为低层或多层建筑。当托育机构与其他建筑合建时，宜设置在首层或二层部分。婴幼儿活动用房应布置在首层或二层，不应设在地下室、半地下室。应符合有关防火安全疏散的规定。

《托育机构消防安全指南（试行）》进一步提出，托育机构不得设置在四层及四层以上、地下或半地下。

1. 请思考托育机构为什么要设置在首层或二层，而不宜设置在四层及以上、地下或半地下。

2. 请走访几家当地的托育机构，它们有设置在高楼层的吗？如果有，它们设置在高楼层的原因是什么？在环境创设方面，它们遇到的问题是什么？是如何解决的？

三、托育机构建筑布局的基本形式

托育机构在选址时要根据场地的地形条件、周边的环境、占地面积等因素选择适宜的建筑布局形式。托儿所、幼儿园的建筑布局形式主要有廊道式、院落式、风车式、放射式、自由式这五种布局形式。①廊道式和院落式的建筑布局占地面积较小，也最容易满足日照、采光和通风的要求，而风车式和放射式的建筑布局的延伸性较强，占地面积大，自由式的建筑布局的设计难度较大。因此，廊道式和院落式是托育机构最常采用的建筑布局形式。

廊道式是指以走廊连接各个用房，走廊可以是整齐的条形、弧形、锯齿形的，也可以是单个条形的平面组织，还可以是多个条形组合的非围合的平面。当托育机构的主体建筑布局形式是单个条形时，场地内部须有丰富的植被，以避免空间场所的单调。

院落式是通过托育机构建筑、走廊、墙的布局和组合，围合出院落的空间，以全围合或三面围合的院落为主要形式。多院落通过局部敞开空间相联系，具有较好的视觉通透性和行动通达性。但院落式属于内向的建筑布局方式，与外界环境缺乏联系，具有一定的封闭性。

因此，托育机构场地内部或外围有良好的自然条件时，可以考虑采用廊道式布局，利用山地、树木等自然资源增强空间的丰富性。另外，如果托育机构周边环境是喧嚣复杂的，采用院落式的内向建筑布局方式有利于减少外界不良环境的干扰。

对于改建和扩建的托育机构，必须根据主管部门批准的建设规模进行总体的布局和规划，满足基本要求。首先，要根据原有的情况进行合理调整，改变原有的不合理布局。另外，对原有建筑的质量进行鉴定，不能加固改造的，要拆除重建。各个部分的功能要明确区分，避免相互干扰，利于交通疏散，因地制宜。

拓展阅读

《托儿所、幼儿园建筑设计规范》(JGJ39—2016)摘选
(2019 年版)
1　总则

1.0.3　托儿所的规模应符合表 1.0.3-1 的规定，托儿所的每班人数应符合表 1.0.3-2 的规定。②

表 1.0.3-1　托儿所的规模

规模	托儿所（班）
小型	1～3
中型	4～7
大型	8～10

---

① 龚兆先:《幼儿园建筑设计》，81-90 页，北京，北京大学出版社，2014。

② 本部分内容去掉了幼儿园的信息。

表 1.0.3-2 托儿所的每班人数

班别	人数（人）
乳儿班（6～12 个月）	10 以下
托小班（12～24 个月）	15 以下
托大班（24～36 个月）	20 以下

学习效果检测

1. 托育机构在选址上需要满足哪些基本要求？

2. 家庭托育点在选址上需要考虑哪些问题？

3. 托育园在选址上需要考虑哪些问题？

4. 结合本节的内容，请你为一家托育机构（家庭托育点或托育园）选址，用文字或图画的方式说明原因，并在课上与教师和同学们交流自己的选址理由。

文本资源
参考答案

延伸阅读

更多关于托育机构选址的文章：

汪愉栎：《"共享教育空间"下托育机构的多元化选址模式》，载《教育观察》，2020（24）。

本文提出，托育机构在进行选址时要结合最新的管理规范和标准，遵循人口聚集选址原则、环境教育空间原则、行业结合原则、稳定经营性原则，运用共享教育空间构建理论和法规化、科学化、创新化选址模式进行适宜的选址。

学习任务二
托育机构的空间规划

学习任务单

学习目标	学习完本任务，你应该能够： ①了解托育机构空间构成及主要功能。 ②理解和掌握不同类型托育机构空间规划考虑的要点。
学习要点	重点、难点： ①掌握托育机构的空间构成和主要功能。 ②分析和评价不同类型托育机构的空间规划的合理性。
学习建议	学习前： 完成模块下的学习初体验活动。 学习中： 完成本章中的阅读和讨论活动。 学习后： 完成本学习任务后的检测题。
学习运用	你觉得在哪些工作场景中可以运用到本任务所学的知识？（学生填写）
学习反思	记录你在学习过程中的相关思考。（学生填写）

案例导入

某托育机构设立在商业区，在做规划时综合利用了室内和室外的空间供婴幼儿开展体育活动。在室内单独设立了体能室，使用大型软垫搭建，主要训练婴幼儿钻爬、平衡等动作技能；室外主要是利用附近商场顶楼的空中花园为婴幼儿提供雪糕桶、万象组合、阻力伞等体能教具。另外，考虑到安全问题，机构没有将入口设在主干道上，而是通过写字楼内部通道到达机构入口处，并在入口外设置家长接送等待幼儿的空间。此外，该机构在入口处设置了一个晨检室。机构内除了设置婴幼儿活动室外，还单独设置了卫生间、哺乳室。该机构没有规划厨房，而是选择了一家具有中央厨房的配餐公司，并与其签订合同，通过外送配餐的方式解决教师和婴幼儿的饮食问题。该机构没有警卫室、财务室、储藏室等，只有一个综合办公区，其内设置桌椅、电脑和置物架。

一、托育机构空间的构成及功能

托育机构建筑空间的主要服务对象是婴幼儿，在具体的设计和规划上要符合婴幼儿的身心发展需要和心理发展特点。一般而言，托育机构的空间包括室内空间和室外空间。室内空间包括婴幼儿活动用房、服务管理用房、附属用房和其他用房等。室外空间主要是指婴幼儿的室外活动场地。室内各类用房的建筑面积应满足2021年的《托育机构建设标准（征求意见稿）》的相关规定（见表2-1）。位于寒冷或严寒地区的托育机构，建筑面积还可有所增加。

表 2-1　托育机构每托位平均建筑面积指标（m²/托位）

托位规模	30 托位及以下	31 — 60 托位	61 — 90 托位	91 — 150 托位
婴幼儿活动用房	7	8.8	9.8	9.4
服务管理用房	1.2	1.2	2.0	1.6
附属用房	0.8	1.0	1.2	1.0
每托位面积指标	9	11	13	12

（一）婴幼儿活动用房

婴幼儿活动用房是托育机构建筑的主要组成部分，主要有班级活动单元和综合活动室。比如，本节的案例中提到的室内体能室或其他功能室就属于综合活动室。班级活动单元包括活动区、睡眠区、配餐区、清洁区、卫生间、储藏室等。

活动区是婴幼儿室内游戏、进餐等日常活动的主要空间。睡眠区的设置是为婴幼儿提供一个安静舒适的睡眠环境，保障婴幼儿充足的睡眠；卫生间包括盥洗区和厕所两部分，满足婴幼儿基本的卫生需求；衣帽及玩具储藏区供储藏中型玩教具、衣帽等物之用，还起到室内外空间过渡的作用。

（二）服务管理用房

服务管理用房是托育机构进行保教、管理工作的用房，主要包括医务和办公两类：前者主要有保健观察室、晨检室、隔离室，后者有办公室、财务室、警卫室、会议室、储藏室等。此外，乳儿班和托小班附近应设置单独的哺乳室，满足处于母乳喂养期的婴幼儿及其家长的哺乳需要。哺乳室的使用面积不宜小于10m²。有条件的托育机构还可以在做规划时考虑单独设置家长接待室。

保健室是对婴幼儿进行日常的健康检查、疾病预防的主要场所，也是部分婴幼儿常见小病、小伤处理的地方。晨检室是对婴幼儿进入托育机构后进行检查的场所，以便保育师及时发现病情采取相应措施，以防病儿的病情蔓延。隔离室用作收容在托育机构生病的婴幼儿以观察和治疗。办公室供教师和机构管理人员进行行政服务、教学研究、备课、休息、集会议事、对外接待等使用。财务室是财务人员办理各种现金收付业务、费用报销业务、托育机构年度预决算等工作的场所。

（三）附属用房和其他用房

附属用房主要是指托育机构的后勤服务用房，包括厨房、消毒室、开水间、机房、车库等。厨房是为婴幼儿及教师烹饪饮食的场所，主要由主副食加工间、主食库、副食库、配餐间、冷藏室等组成，应自成一区。根据《托育机构建设标准（征求意见稿）》，托育机构可以根据自身规模的大小确定厨房的使用面积，$0.4m^2$/托位为宜。对于规模较小的托育机构，为了保证厨房的基本使用功能，面积不应小于$12m^2$。也有托育机构由于场地等条件的限制没有独立的厨房，通过配餐公司外送配餐的方式满足婴幼儿的饮食需要。消毒室供餐具消毒使用，开水间是供应开水的地方，开水间可以设置在消毒室内。新建的托育机构应该按当地的要求设置相应的停车位和人防工程。

由于3岁以下婴幼儿照护服务的专业性，托育机构还应规划适当的室内空间开展人员培训等。此外，根据《国务院办公厅关于促进3岁以下婴幼儿照护服务发展的指导意见》，我国的婴幼儿照护服务强调"家庭为主，托育补充"的基本原则，鼓励托育机构提供多层次的婴幼儿照护服务。因此，建议有条件的托育机构在做空间规划时可以规划相应的用房，为家长及婴幼儿照护者提供婴幼儿早期发展指导等服务。

（四）室外活动场地

托育机构户外活动环境可以摆脱室内空间的限制，满足婴幼儿进行室外游戏和活动的需求，提供婴幼儿与大自然亲密接触的机会，使其享受阳光、空气和水等自然元素的滋养，这不仅有助于婴幼儿骨骼和运动机能的成长，也有利于其想象力和创造力的发展。

托育机构宜选择具有良好的日照和通风条件的室外活动场地，场地面积以不小于$2m^2$/托位为宜。各班宜设置专用的室外活动场地，每班的活动场地面积不应小于$60m^2$，各活动场地之间宜采取分隔措施。托育机构共用的室外活动场地面积不宜小于以下计算值：室外共用活动场地面积$(m^2)=180+20(N-1)$，N为班数（乳儿班不计）。[①]

《托儿所、幼儿园建筑设计规范》(JGJ39—2016)摘选

（2019年版）

4.2　托儿所生活用房

4.2.1　托儿所生活用房应由乳儿班、托小班、托大班组成，各班应为独立使用的生活单元。宜设公共活动空间。

4.2.2　托大班生活用房的使用面积及要求宜与幼儿园生活用房相同。

4.2.3　乳儿班应包括睡眠区、活动区、配餐区、清洁区、储藏区等，各区最小使用面积应符合表4.2.3的规定。

[①]　邓庆坦：《托儿所幼儿园建筑设计图说》，32页，济南，山东科学技术出版社，2006。

表 4.2.3 乳儿班各区最小使用面积

各区名称	最小使用面积（m²）
睡眠区	30
活动区	15
配餐区	6
清洁区	6
储藏区	4

4.2.3A 托小班应包括睡眠区、活动区、配餐区、清洁区、卫生间、储藏区等，各区最小使用面积应符合表 4.2.3A 的规定。

表 4.2.3A 托小班各区最小使用面积

各区名称	最小使用面积（m²）
睡眠区	35
活动区	35
配餐区	6
清洁区	6
卫生间	8
储藏区	4

注：睡眠区与活动区合用时，其使用面积不应小于 50m²。

4.2.3B 乳儿班和托小班宜设喂奶室，使用面积不宜小于 10m²，并应符合下列规定：

1 临近婴幼儿生活空间；

2 应设置开向疏散走道的门；

3 应设尿布台、洗手池，宜设成人厕所。

4.2.3C 乳儿班和托小班生活单元各功能分区之间宜采取分隔措施，并应互相通视。

4.2.3D 乳儿班和托小班活动区地面应做暖性、软质面层；距地 1.2m 的墙面应做软质面层。

4.2.4 托儿所和幼儿园合建时，托儿所应单独分区，并应设独立安全出入口，室外活动场地宜分开。

4.4 服务管理用房

4.4.1 服务管理用房……各房间的最小使用面积宜符合表 4.4.1 的规定。

表 4.4.1 服务管理用房各房间的最小使用面积（m²）

房间名称	规模		
	小型	中型	大型
晨检室（厅）	10	10	15
保健观察室	12	12	15
教师值班室	10	10	10
警卫室	10	10	10
储藏室	15	18	24

续表

房间名称	规模		
	小型	中型	大型
园长室、所长室	15	15	18
财务室	15	15	18
教师办公室	18	18	24
会议室	24	24	30
教具制作室	18	18	24

注：1　晨检室（厅）可设置在门厅内；

　　2　寄宿制幼儿园应设置教师值班室；

　　3　房间可以合用，合用的房间面积可适当减少。

4.5　供应用房

4.5.2A　厨房使用面积宜 $0.40m^2$/每人，且不应小于 $12m^2$。

4.5.3　厨房加工间室内净高不应低于 3.0m。

二、不同类型托育机构的空间规划要点

（一）家庭托育点

托育机构的婴幼儿年龄在 3 岁及以下，行走能力尚处于发展中，不适宜多楼层上下走动。因此，家庭托育点最好将婴幼儿的生活用房设置在一层，托大班的生活用房可以适当设置在二层，但要符合有关防火安全疏散的规定。

家庭托育点一般设置在居民楼内，居民楼原有的格局很难改变，因此，如何在原有的厨房、卫生间、卧室、客厅的基础上进行改造，以满足婴幼儿生活和游戏需求，为他们创设一个适宜的环境，是在空间规划上必须要考虑的问题。具体而言，不同的生活区要考虑以下几点。

首先，婴幼儿的活动室要有足够的使用面积、最佳的朝向、充足的光线和良好的通风条件，以满足活动和游戏的需要。活动室内，在创设活动区时要根据活动性质进行空间定位，如睡眠区应该尽量远离游戏区，就餐区应靠近厨房，尿布台应靠近盥洗室或紧邻洗手池。

其次，有条件的家庭托育点可以为婴幼儿单独设置睡眠室，并考虑房间的朝向和通风条件，避免阳光直射。另外，成人厕位要与幼儿的卫生间隔离，卫生间临近活动室和睡眠室，但不宜直对活动室和睡眠室。由于家庭托育点设置在居民楼内，为减少声音干扰，要考虑安装一些隔音设备，如双层砖、防音天花板等，也可以放置一些吸音设备，如地毯、窗帘等。这样一方面能避免对婴幼儿的听觉器官的发育造成不良影响，另一方面也能防止对附近居民有噪声干扰。

最后，家庭托育点通常没有独立的室外活动场地，可以在保证安全的前提下，充分利用小区内或小区周边的公共场地和设施。室外活动场地要选择冬有阳光、夏有阴凉的地方，以平坦的土地、沙地、草地和塑胶地面为宜，并且要注意室外场地与家庭托育点之间的交通安全，以及公共器械设备是否存在安全隐患。

（二）托育园

托育园或托育中心又可细分为几种不同的形式：一是开办在商业区、写字楼或社区的托育中心，通常没有独立的园区或独立的建筑；二是有独立场地的托育园；三是附设在幼儿园内的托班。三者在空间规划上需要考虑的侧重点也有所差异。

1. 无独立场地的托育中心

设置在商业区、写字楼或社区的托育中心，其附近建筑密度一般较大，且园区周围缺少安全防护措施，因此在做空间规划时，首先要考虑的是安全问题，比如，设置独立的出入口，在出入口设置安全警示标志等。该类托育中心的入口处一般不是直接通向户外的，而是与主建筑的大厅相连接。在这种情况下，如果条件允许，可以考虑将大厅作为警卫处、家长接送婴幼儿的场所和晨检厅。此外，保健室和隔离室宜设置在门厅附近，与婴幼儿的生活用房要有适当的距离。隔离室可以设在保健室内并以玻璃隔断，便于保健医对病儿进行观察，也可两室紧邻。行政办公室或办公区宜设置在中心的出入口处，便于与家长和其他人员联系。

在楼层的选择上，要考虑婴幼儿的身体发育水平，将一层作为婴幼儿活动用房的首选，并且能够合理规划不同的空间以最大限度地利用空间资源。乳儿班、托小班和托大班宜使用独立的活动用房。教学办公室或办公区可以灵活安排，但宜靠近婴幼儿活动区，便于保育师照顾婴幼儿。

由于户外活动场地受限，无独立场地的托育中心宜利用室内宽阔的场地设立公共的体育和游戏活动区，并设置符合婴幼儿年龄特点的游戏设施。该区域还可以兼做家长休息区和接待区、亲子阅读区等。此外，各班可以利用宽阔的走廊开展一些活动项目。另外，建议该类托育中心充分利用周边有利的环境资源，保障婴幼儿户外游戏和活动的时间。如果靠近托育中心的区域有可租用的平坦开阔的户外场地适宜婴幼儿进行游戏和活动，可以用围栏与外界隔开，形成相对独立的户外活动场地，并在地面铺设柔软性和有弹性的材料，除放置一些固定的游戏活动器械外，保育师还可以根据婴幼儿的兴趣和需要提供一些可移动的小型器械和游戏材料等（见图2-5）。规模较大、收托婴幼儿人数较多的托育中心可以考虑各班轮流到户外进行活动。如果户外场地和托育中心之间需要经过人流量、车流量较大的马路，保育师需要规划好通往户外场地的路线，保障婴幼儿的安全。

图 2-5 某托育机构把阳台的空间改造为户外活动场地

全日制的托育中心还涉及婴幼儿的膳食问题。如果机构的空间有限，利用周边的餐饮公司为婴幼儿提供专门的膳食是比较适宜的选择，但需要按照当地卫生部门的要求选择有资质的餐饮公司并按规定做好食品留样，保障婴幼儿的饮食安全和卫生。

2. 有独立场地的托育园

有独立场地的托育园一般有独立的园区（包括独立的出入口、户外活动场地等）或独立的建筑。建筑布局上通常有两种形式：集中式和分散式。集中式布局是将婴幼儿活动用房、服务管理用房、附属用房等组合在一起。而分散式布局则是将成人用房与婴幼儿用房分开，设置在不同的建筑内。目前，我国托育园以集中式的建筑布局为主。

在托育园的空间规划上，要根据婴幼儿的身心发展特点和需求，合理规划已有空间。首先需要考虑的是主入口和次入口的位置。①主入口一般要避开城市的主干道。如果布置在主干道上，主入口应后退一段距离，

① 龚兆先：《幼儿园建筑设计》，59-60页，北京，北京大学出版社，2014。

避开车辆和人流汇集地段，设置人流缓冲区。园区周围和主入口处还应设置安全警示标志和安全防护措施。主入口和次入口应分开设置，主入口一般直接对应托育机构的门厅，次入口则是厨房的专用入口，一般优先考虑设置在与主入口不同方向的道路上，使托育机构的主要通道与辅助通道互不干扰，并且满足安全和卫生的要求。

托育园的户外活动场地应具备良好的日照和通风条件，并应设置安全防护措施。根据户外场地的大小，可以设置集体活动区、自然种植区、沙水区、动物饲养区、户外游戏小屋、大型器械设备区、户外道路、绿化用地等。集体活动区要集中布局，并与婴幼儿活动用房有便捷的交通通道。自然种植区和动物饲养区一般布置在角落，动物饲养区设置在下风口并远离主入口。①

婴幼儿活动用房的规划要尽量靠近主入口和门厅，并进行南北向布局以保障良好的日照、采光和通风条件，为便于联系要尽量进行集中布局。活动用房是婴幼儿主要的空间区域，要考虑围合出生动灵活的外部空间，对婴幼儿形成积极的外部空间刺激。附属用房与其他功能用房通过绿化的方式进行隔离，并通过连廊连接。②

有独立场地的托育园一般规模较大，可设置专门的厨房为婴幼儿提供饮食。厨房宜设置在婴幼儿活动用房的下风方向，与活动用房保持适当的距离，并设置专用对外出入口，使杂物通道与婴幼儿通道分开。其平面设计要合乎操作顺序，合理组织内部各交通通道，避免生、熟食物的通道交叉。厨房的装修及设施配置要符合当地卫生部门的要求，应有良好的排气设施。厨房的地面、墙裙、洗池、炉灶应为瓷砖镶面或水磨石面以便于刷洗。地面要有排水坡度和地漏，便于及时排除地面上的水。③此外，使用燃气的厨房需要配备可燃气体浓度报警装置、燃气紧急切断装置以及灭火器、灭火毯等灭火器材，并与其他区域采取防火隔墙和防火门等有效的防火分隔措施，以保障托育机构厨房使用的安全性。设在高层建筑内的托育机构的厨房不得使用瓶装液化气，每季度应清洗排油烟罩、油烟管道。

3. 附设在幼儿园的托班

附设在幼儿园的托班，顾名思义就是在幼儿园内为3岁以下的婴幼儿提供保教服务的班级，有的幼儿园会把托班叫"小小班""宝宝班"等。由于3岁以下婴幼儿和3岁及以上的幼儿处于不同的动作发展和心理发展水平，因此在空间规划上要考虑到托班婴幼儿的独特性，创设适宜的环境促进婴幼儿健康发展。可以主要从以下几个方面进行考虑。

首先，托班需要单独设置出入口。由于托班婴幼儿年龄尚小，生活自理能力不强，为方便家长在接送时有足够的空间帮助婴幼儿穿脱衣服和鞋子，有时间安抚婴幼儿的情绪，帮助婴幼儿更好地度过入托适应阶段，托班的家长接待区应单独设置。此外，出入口分开设置也有利于避免在家长接送托班婴幼儿和幼儿园幼儿时出现交通拥堵的情况，能起到一定的安全保障作用。

其次，托班的户外活动场地也宜单独设置。3岁以下婴幼儿的动作发展水平较低，因此户外活动设施、材料、形式和内容等是与3岁及以上幼儿有所区别的。托班的活动

---

① 龚兆先：《幼儿园建筑设计》，59-60页，北京，北京大学出版社，2014。
② 龚兆先：《幼儿园建筑设计》，79-80页，北京，北京大学出版社，2014。
③ 刘焱等：《幼儿园教育环境创设》，300-302页，北京，高等教育出版社，2014。

场地在与幼儿园不同年龄班混用时，会存在一定的安全隐患。幼儿园的幼儿在户外跑动过程中极易对托班婴幼儿，尤其是乳儿班和托小班的婴幼儿造成意外伤害。因此，如果幼儿园托班有2岁以下婴幼儿，其户外活动场地宜单独设置，避免不同年龄段的婴幼儿在共同游戏和活动时发生危险。

最后，考虑到托班婴幼儿每日以生活活动为主，在生活用房的规划上，要注意创设适宜的生活区，满足婴幼儿的基本需求。例如，有乳儿班和托小班的幼儿园，要在乳儿班和托小班的活动用房附近设置专门的哺乳室和清洁区。

不同类型托育机构的空间规划不同，考虑的侧重点也不同（见表2-2）。

表2-2 不同类型托育机构空间规划、考虑的侧重点

家庭托育点	托育园、托育中心		
	无独立场地的托育中心	有独立场地的托育园	附设在幼儿园的托班
①楼层选择； ②原有室内空间布局改造； ③小区内和周边户外环境与资源的利用。	①楼层选择； ②不同用房的规划； ③室内体育和游戏区的规划； ④户外环境利用； ⑤周边餐饮公司的利用（无厨房）。	①大门、围墙的布局； ②户外活动场地的布局； ③婴幼儿活动用房、服务管理用房、附属用房等的布局； ④厨房的规划。	①出入口分开设置； ②户外场地分开设置； ③生活用房的适宜性。

🔍 拓展阅读

《托育机构消防安全指南（试行）》摘选

一、消防安全基本条件

（二）托育机构不得设置在"三合一"场所（住宿与生产、储存、经营合用场所）和彩钢板建筑内，不得与生产、储存、经营易燃易爆危险品场所设置在同一建筑内。

（三）托育机构与所在建筑内其他功能场所应采取有效的防火分隔措施，当需要局部连通时，墙上开设的门、窗应采用乙级防火门、窗。托育机构与办公经营所组合设置时，其疏散楼梯应与办公经营场所采取有效的防火分隔措施。

（四）托育机构中建筑面积大于50平方米的房间，其疏散门数量不应少于2个。

（五）托育机构室内装修材料不得采用易燃可燃装修材料。为防止婴幼儿摔伤、碰伤，确需少量使用易燃可燃材料时，应与电源插座、电气线路、用电设备等保持一定的安全距离。

（九）托育机构应安装24小时可视监控设备或可视监控系统，图像应能在值班室、所在建筑消防控制室等场所实时显示，视频图像信息保存期限不应少于30天。

二、消防安全管理

（十一）托育机构应落实全员消防安全责任制。法定代表人、主要负责人或实际控制人是本单位的消防安全第一责任人，消防安全管理人应负责具体落实消防安全职责。托育从业人员应落实本岗位的消防安全责任。托育机构与租赁场所的业主方、物业方在租赁协议中应明确各自的消防安全责任。

（十二）托育机构应制定安全用火用电用气、防火检查巡查、火灾隐患整改、消防培训演练等消防安全管理制度。

（十三）托育机构应严格落实防火巡查、检查要求，及时发现并纠正违规用火用电用气和锁闭安全出口等行为，对检查发现的火灾隐患，应及时予以整改。

（十四）托育机构应定期开展消防安全培训，从业人员培训合格后方可上岗，上岗后每半年至少接受一次消防安全培训，尤其是加强协助婴幼儿疏散逃生技能的培训。

（十五）托育机构应定期检验维修消防设施，至少每年开展一次全面检测，确保消防设施完好有效，不得遮挡、损坏、挪用消防设施器材。

三、用火用电用气安全管理

（十六）托育机构不得使用蜡烛、蚊香、火炉等明火，禁止吸烟，并设置明显的禁止标志。

（十八）托育机构的电气线路应穿管保护，电气线路接头应采用接线端子连接，不得采用铰接等方式连接。不得采用延长线插座串接方式取电。

（十九）托育机构不得私拉乱接电线，不得将电气线路、插座、电气设备直接敷设在易燃可燃材料制作的儿童游乐设施、室内装饰物等内部及表面。

（二十）托育机构内大功率电热汀取暖器、暖风机、对流式电暖气、电热膜等取暖设备的配电回路，应设置与线路安全载流量匹配的短路、过载保护装置。

（二十一）托育机构内冰箱、冷柜、空调以及加湿器、通风装置等长时间通电设备，应落实有效的安全检查、防护措施。

（二十二）电动自行车、电动平衡车及其蓄电池不得在托育机构的托育场所、楼梯间、走道、安全出口违规停放、充电；具有蓄电功能的儿童游乐设施，不得在托育工作期间充电。

四、易燃可燃物安全管理

（二十三）托育机构的房间、走道、墙面、顶棚不得违规采用泡沫、海绵、毛毯、木板、彩钢板等易燃可燃材料装饰装修。

（二十四）托育机构不得大量采用易燃可燃物挂件、塑料仿真树木、海洋球、氢气球等各类装饰造型物。

（二十五）除日常用量的消毒酒精、空气清新剂外，托育机构不得存放汽油、烟花爆竹等易燃易爆危险品。

（二十六）托育机构应定期清理废弃的易燃可燃杂物。

五、安全疏散管理

（二十八）托育机构的常闭式防火门应处于常闭状态，并设明显的提示标识。设门禁装置的疏散门应当安装紧急开启装置。

（三十）托育机构不得在门窗上设置影响逃生和灭火救援的铁栅栏等障碍物，必须设置时应保证火灾情况下能及时开启。

六、应急处置管理

（三十一）托育机构应制定灭火和应急疏散预案，针对婴幼儿疏散应有专门的应急预案和实施方法，明确托育从业人员协助婴幼儿应急疏散的岗位职责。

（三十二）托育机构应每半年至少组织开展一次全员消防演练，尤其是要针对婴幼儿没有自主疏散能力的特点，加强应急疏散演练。

（三十三）托育机构应与所在建筑的消防控制室、志愿消防队或微型消防站建立联勤联动机制，建立可靠的应急通信联络方式，并每年开展联合消防演练。

（三十四）托育机构的从业人员应掌握简易防毒面具和室内消火栓、消防软管卷盘、灭火器、灭火毯的操作使用方法，知晓"119"火警报警方法程序，具备初起火灾扑救和组织应急疏散逃生的能力。

（三十五）婴幼儿休息期间，托育机构应明确2名以上人员专门负责值班看护，确保发生火灾事故时能够快速处置、及时疏散。

学习效果检测

1. 名词解释：婴幼儿活动用房、服务管理用房。

2. 家庭托育点在空间规划时需要重点考虑哪些问题？

3. 有独立场地的托育园在空间规划上需要重点考虑哪些问题？

4. 没有厨房和户外场地的托育中心应该如何解决婴幼儿的饮食和户外活动问题？

5. 选取当地的一家托育机构，并对其空间布局与规划进行观察和记录，然后分析这种空间布局与规划是否适宜，说明原因。另外，结合托育机构的实际情况，请试着对空间布局和规划提出可行性的建议。

文本资源

参考答案

延伸阅读

更多关于托育机构建筑空间设计的文章：

庄丽娜、王畅、仲书诺：《0—3岁婴幼儿托育服务建筑设计初期研究》，载《城市建筑》，2020（25）。

本文首先从政策文本角度梳理了与托育建筑设计相关的概念，其次分析了当前3岁以下婴幼儿照护的现状，最后提出了托育园和社区育儿点建筑设计的要点，有助于读者结合现实情况全面把握托育机构建筑设计和空间布局的相关知识。

学习模块三
打造公共区域

托育机构的公共区域不仅体现了一家机构的文化氛围和精神面貌，而且会对婴幼儿学习与发展产生潜移默化的影响。那么，你知道托育机构的室外室内公共区域一般包括哪些部分吗？它们各自的功能是什么？不同类型的室外室内公共区域创设需要满足哪些基本要求呢？如何让室外室内公共区域的创设体现托育机构的特色呢？通过学习本节内容，你能够结合托育机构室外室内公共区域环境创设相关的资料和见习活动，了解托育机构室外室内公共区域环境创设的一般特征和基本要求，并且观察不同托育机构在室外室内公共区域创设上的特色。在今后的保教工作中，结合机构的文化风格和教育目标，你可运用本模块所学创设富有特色的室外室内公共区域，为婴幼儿营造良好的学习与发展环境。

学习导图

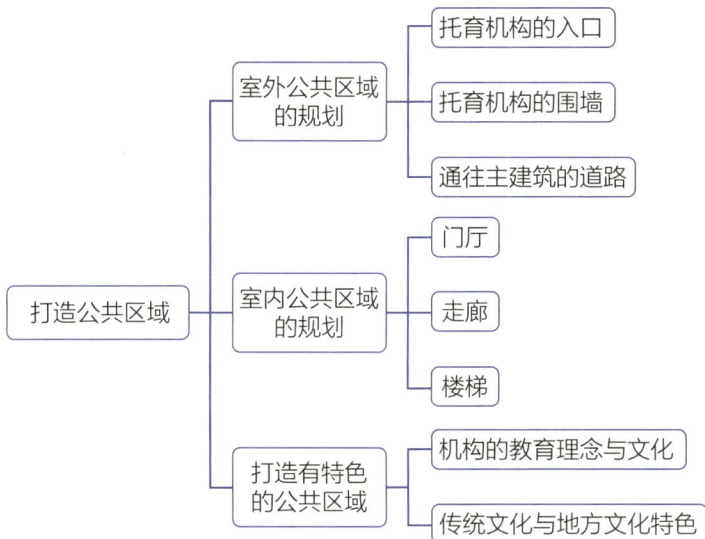

学习初体验

实践体验活动：选取当地几家不同类型的托育机构，观察室外室内的公共区域，并以照片和文字的形式做记录。不同类型的托育机构在室外室内公共区域的环境创设上有什么特点？你认为对于婴幼儿来说，这是一个适宜的环境吗？请与同伴交流你的想法。

学习任务一
室外公共区域的规划

学习任务单

学习目标	学习完本任务，你应该能够： ①了解托育机构室外公共区域的构成和功能。 ②理解和掌握托育机构室外公共区域创设的基本要求。
学习要点	重点、难点： ①掌握托育机构室外公共区域创设的要求。 ②分析托育机构室外公共区域环境创设的优缺点。
学习建议	学习前： ①完成模块下的学习初体验活动。 ②访谈托育机构的保育师，请他们谈一谈室外公共区域环境创设中存在的疑惑和解决方法，并把它们记录下来。 学习中： ①与同学分享你的访谈内容，并讨论不同机构在室外公共区域环境创设中的共性和特色。 ②参观几所当地的托育机构，观察室外公共区域环境并进行分析和讨论。 学习后： 完成本学习任务后的检测题。
学习运用	你觉得在哪些工作场景中可以运用到本任务所学的知识?（学生填写）
学习反思	记录你在学习过程中的相关思考。（学生填写）

学习笔记

案例导入

有些托育机构的入口和围墙颜色鲜艳，形式活泼，装饰了很多卡通形象，让人一眼就能看出这是托育机构；而另一些托育机构则和周边的建筑风格保持一致，只有简单的装饰或标识牌让人知道这里是托育机构。你觉得哪种形式的设计比较好？试与同学们讨论一下。

一、托育机构的入口

托育机构的入口是婴幼儿及其家长首先接触的地方，也是进出托育机构的必经之地，人们往往通过托育机构的入口获得对该机构的第一印象。因此，入口位置的选择和环境创设十分重要。另外，入口处也发挥着交流的作用，托育机构需要充分利用入口处的空间，让其价值得以发挥。

（一）入口位置的选择

托育机构的入口一般要满足安全性和可进入性要求。[①]

1. 安全性

在托育机构的入口处要注意交通安全问题，尽量避免与主交通干道紧邻，否则会存在一定的安全隐患，也会让托育机构中的婴幼儿和保育师受到噪声和尾气污染的影响。

入口处是家长集中接送婴幼儿的地方，要注意人员集散通行问题，避免拥挤。另外，主要入口的宽度要满足运输和消防的要求，行人和车辆要避免交叉或迂回通行。此外，新建的托育机构应按照当地要求设置相应的停车位，为接送婴幼儿的家长提供能够短期停车的地方，同时也为服务车辆或应急车辆提供停车的地方。入口处要设置大门和警卫室，安排安保人员保障托育机构人员的人身安全。

2. 可进入性

托育机构的入口要带给婴幼儿和家长一种亲切感。一般而言，采用凹进去的入口更能够吸引人。尽量避免出现过高的门槛或台阶，不然容易给人一种"距离感"。托育机构的门口要有一块足够开阔的场地，宜设置家属等候区、婴儿车存放区等，满足婴幼儿家长接送和等候的需求。如果晨检厅设置在入口处，要考虑其设置的位置利于人流集散通行。

（二）入口位置的功能

入口处是一个非常重要的交流空间，家长、婴幼儿和保育师可以利用这个空间进行相互沟通。在空间允许的前提下，可以设置一块公共用地作为托育机构的交流场所，促进教师和婴幼儿家长的充分交流，也为家长和婴幼儿提供交流的空间，不至于让家长把孩子交到保育师手里后只能匆匆离开。

入口处也是传达托育机构信息的场所。在入口处设置信息展示栏，介绍托育机构的保教理念、教师风貌、保教活动、婴幼儿的学习和发展等信息，方便家长和其他照料者更好地了解托育机构的服务内容和动态。同时，宣传一些与育儿相关的科学理念和知

---

① 刘焱等：《幼儿园教育环境创设》，255页，北京，高等教育出版社，2014。

识、经验等，也能起到一定的指导家庭养育的作用。

（三）入口位置的大门

托育机构的大门是对外形象的代表。大门的样式很重要，在色彩和造型上要与托育机构整体的环境、建筑物的风格、托育机构的文化等相协调；同时，要符合婴幼儿的审美特点，不宜太大和太高，而应选择小巧并尽量空透的大门，给婴幼儿带来亲切感（见图3-1）。一般而言，大门采用垂直分格的栅栏可以避免婴幼儿的钻爬和攀登所带来的危险。

图 3-1　托育机构的大门

当然，并不是所有的托育机构都有独立的出入口与大门。家庭托育点一般开设在居民楼中，多以单元楼门作为入口处的大门。开设在商业区的小规模的托育中心也很少有独立的室外公共区域和大门。

> **🔍 拓展阅读**
>
> **《托育机构建设标准（征求意见稿）》摘选**
>
> 第十四条　托育机构的规划布局应符合下列要求：
>
> 四、新建托育机构主入口不应直接设在城市主干道或过境公路干道一侧。托育机构主入口应设置人流缓冲区和安全警示标志，园区周围应设置安全防护措施。
>
> **《托育机构设置标准（试行）》摘选**
>
> 第二十二条　独立设置的托育机构应当至少有1名保安人员在岗。

二、托育机构的围墙

围墙的设置可以把托育机构和外界环境分割开来，起到保护的作用。围墙，一方面，可以防止婴幼儿走失；另一方面，可以防止其他无关人员的进入对婴幼儿和托育机构工作人员的安全造成威胁。

围墙可以是通透、半封闭或全封闭的，具体采取什么样的形式要根据具体的环境而定。如果周围的环境良好，无噪声，宜采取通透的围墙，这样可以把托育机构与周围的环境联系在一起，不仅能够增加周围环境的欢乐气氛和童趣，而且不会让人感觉到托育机构与外界隔绝。这样的围墙既起到分割的作用又具有联系的功能，这是最佳的选择。不过值得注意的是，通透式围墙的围栏间距要小，避免婴幼儿攀爬发生意外（见图3-2）。

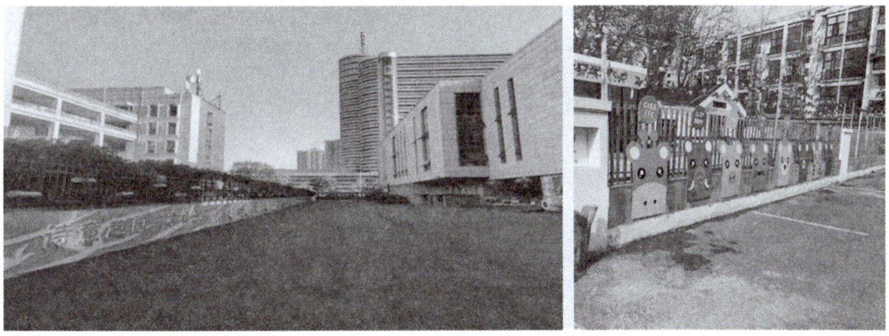

✎ 学习笔记

图 3-2　半封闭的围墙

如果托育机构周围的环境嘈杂，临近交通要道或在拥挤的居住区中，宜选择全封闭或部分封闭的围墙，减少外界的干扰。但是，全封闭的围墙要做适当的处理，以增加童趣。围墙的装饰不仅可以给人以美感，还能起到保护墙体的作用。一般采用贴瓷砖、喷刷涂料、绘制壁画等方法装饰围墙。由于围墙不能轻易改变，在装饰时要尽量选用经久耐用且环保的材料。在装饰围墙时应注意以下几点。

（1）颜色的选择

围墙装饰的颜色要避免大面积使用单一颜色，宜以一种色彩为主要颜色，搭配使用其他颜色。具体运用什么颜色，要根据托育机构与周围环境的拥挤程度来定。如果托育机构在建筑群之中，那么其围墙颜色应适当浅一些；如果托育机构周围的环境开阔，那么其围墙颜色可以深一些。如果用涂料装饰，可选用白色偏黄或白色偏红、黄色偏绿或黄色偏蓝的颜料，在视觉上会给人一种舒适感。多层建筑的上部宜用浅色，下部宜用深色，营造稳重感。如果用壁画装饰，所画内容不应该太复杂，也不要使用过多的颜色，以一种颜色为主色调，辅以其他颜色。如高处用蓝色和白色做主要色调，辅以翱翔的飞鸟等，低处所画内容适当增加，色彩适当丰富，使围墙的颜色生动，有感染力。①

（2）颜色的持久性

由于围墙长期直接暴露在空气中，会受到风吹、日晒、雨淋等天气变化的影响，因此要选择质量较好的涂料，在一定程度上保障围墙在一定的时间里不易发生开裂、剥落、脱粉和变色等情况。需要注意的是，尽量不使用易褪色的颜料，如果要使用，则应采取防褪色的措施。

（3）颜料的耐水性、耐碱性和耐玷污性

无论是涂料装饰还是壁画装饰，颜料都要有耐水性（预防雨水冲刷）、耐碱性（墙壁中可能有碱性物质）、耐玷污性（不易被空气中的灰尘附着，或有污垢后易被雨水清除）。

🔍 拓展阅读

色彩的力量②

色彩通过人们的视觉感受产生一系列的生理、心理和类似物理的效应，从而形成丰富的联想、深刻的寓意和象征。通过运用色彩来创设托育机构的环境是最经济和最简单的途径。

（一）色彩的物理效应

色彩引起的视觉效果反映在物理性质方面，如冷暖、远近、轻重、大小等，色彩的物理作用在托育机构的环境创设中可以加以运用。

1. 温度感

在色彩学中，把不同色相的色彩分为暖色和冷色。从红紫、红、橙、黄到黄绿色称为暖色，以橙色最热。从青紫、青至青绿色称为冷色，以青色为最冷。这和人类长期的感觉经验是一致的，如红色、黄色，让人仿佛看到太阳、火等；而绿色、青色，让人仿佛看到江河湖海、田野、森林等。

2. 距离感和尺度感

色彩对物体进退、凹凸、远近、大小的作用主要由色相和明度两个因素决定。一般暖色系和明度高的色彩具有扩散的作用，达到前进、凸出、接近的效果，也会使物体显得大；而冷色系和明度较低的色彩具有内聚的作用，达到后退、凹进、远离的效果，也显得物体小。设计时可以利用色彩的这些特点去改变空间的大小和高低，使各部分的空间关系更为协调。例如，空间过高时，可用前进色，减弱空旷感，增加亲近感；墙面过大时，

---

① 杨彦：《幼儿园环境创设》，84-86 页，北京，北京师范大学出版社，2014。

② ［美］安妮塔·鲁伊·奥尔兹：《儿童保育中心设计指南》，刘晓光等译，245-259 页，北京，机械工业出版社，2008。

可用收缩色；柱子过细时使用浅色，而柱子过粗时宜用深色。

3. 重量感

色彩的重量感主要取决于明度和纯度。明度和纯度高的色彩显得轻，如桃红、浅黄色。在环境创设过程中，可以充分利用高明度和高纯度的色彩达到平衡和稳定的需要，以达到表现性格或情绪的需要。

（二）色彩对人的生理和心理的反映

人们对不同的色彩表现出不同的喜好，这常常是由人们的生活经验、社会习俗和文化及由色彩引起的联想造成的。例如，看到红色联想到太阳，从而感觉到崇敬、伟大，也可以联想到血，让人感觉到不安。看到黄绿色联想到植物生长发芽，感觉到春天的来临。色彩在心理上的物理效应，有冷暖、远近、轻重、大小等；色彩有感情刺激，如感觉到兴奋、消沉、开朗、抑郁、镇静等；色彩有象征意象，如感觉到庄重、轻快、刚柔、富丽等，色彩被人们像魔法一样用来创造心理空间，表现内心情绪，反映思想情感。

三、通往主建筑的道路

一般而言，为了避免马路上来往的车辆和行人的喧嚣干扰到托育机构的保教活动，从托育机构的大门到室内会有一条道路。如果能够对道路及周围的环境进行良好的创设，那么这会带给婴幼儿不同的情绪体验。比如，蜿蜒的小石子路、流淌的小溪水、路边的小花丛等都能让婴幼儿感到有趣味和轻松。如果大门与室内的距离短，路径宜蜿蜒起伏一些，让婴幼儿有更多的时间体验。如果距离较长，可以利用两边的空地设置一些休息区，增添舒适感。通过观察发现，有些托育机构的大门后就是一片开阔平坦的户外活动场地（见图 3-3），主体建筑附近没有其他景观，还有些托育机构在通道两边整齐地栽种冬青或类似"行道树"的植物，这显得过于呆板而缺乏生气。

图 3-3 进入大门后
平坦的户外场地

🐘 学习效果检测

1. 托育机构的室外公共区域由哪几部分构成？它们各自有什么功能？
2. 托育机构入口位置的选择要满足什么条件？
3. 托育机构在围墙设计上要考虑哪些问题？
4. 在教师指导下选择一家托育机构进行调研，其室外公共区域包括哪些部分？分析其环境创设的效果并提出改进建议。

文本资源

参考答案

🐘 延伸阅读

更多关于学校大门如何设计的文章：

谭志明：《学校大门设计要点的初探》，载《中外建筑》，2019（3）。

本文以学校建筑的大门为例，从基本功能、设计构思和创作误区三方面阐述大门创作的设计要点，探索和展现大门作为小品建筑的魅力所在，为如何设计出一个适宜的托育机构大门提供了思路。

学习任务二
室内公共区域的规划

学习任务单

学习目标	学习完本任务，你应该能够： ①知道托育机构室内公共区域的构成和功能。 ②理解和掌握托育机构室内公共区域创设的基本要求。
学习要点	重点、难点： ①掌握托育机构室内公共区域创设的要求。 ②分析托育机构室内公共区域环境创设的优缺点。
学习建议	学习前： ①完成模块下的学习初体验活动。 ②访谈托育机构的保育师，请他们谈一谈在室内公共区域环境创设中存在的疑惑和解决方法，并把它们记录下来。 学习中： ①与同学分享你的访谈内容，并讨论不同机构在室内公共区域环境创设中的共性和特色。 ②参观几所当地的托育机构，观察室内公共区域环境并进行分析和讨论。 学习后： 完成本学习任务后的检测题。
学习运用	你觉得在哪些工作场景中可以运用到本任务所学的知识?（学生填写）
学习反思	记录你在学习过程中的相关思考。（学生填写）

📚 **案例导入**

　　某托育机构没有独立的室外活动场地和大门，于是充分利用了门厅的空间，发挥其多重功能。一方面，门厅被设置为家长接待区，有一个衣帽架和鞋架，家长在接送孩子时可以在这里为孩子穿脱衣服，换鞋子。同时门厅还有一些方便移动的沙发凳供家长休息、等候。沙发凳中间有一些室内运动设施，平时保育师会带各班的婴幼儿在这里做一些游戏和运动。门厅的四周还有一些开放的置物架，在非游戏时间，这里还可以作为阅读区来使用。

　　托育机构的室内公共区域主要包括门厅、走廊和楼梯，它们连接着托育机构室内的各个区域。托育机构将开放性、动态性作为公共区域环境创设和布置的基本理念，将拓展婴幼儿学习、探索和交往的空间，构建家园合作共育平台，促进婴幼儿情感、社会性和个性的全面发展作为目标。①

一、门厅

　　门厅在建筑的主入口处，它是托育机构整体环境的焦点，发挥着重要的功能：一是托育机构教职工、婴幼儿和家长及其他相关人员的集散地；二是作为家长接送婴幼儿时的休息和等候场所；三是作为接待来访者的场所，以避免干扰正常的保教活动；四是作为托育机构展示其发展动态、园所特色等的重要窗口。

　　托育机构要根据空间特点进行门厅环境的创设，最大限度地发挥其多种功能。门厅环境要营造安全、整洁、开放、温馨的氛围，让来访者感到舒适、愉悦。例如，可以设置沙发和阅览区，作为家长休息和亲子阅读的场所（见图3-4）；也可以设置橱窗或展柜，展示托育机构中师幼的风采和机构的文化理念等。②另外，托育机构要根据实际需要及时更换展示内容，充分发挥门厅作为家长和托育机构相互联系的纽带作用。

图 3-4　某托育机构门厅的阅读区

二、走廊

　　走廊也是托育机构必不可少的公共区域。它不仅是连接室外场地和室内环境的重要通道，也是各个房间保持畅通的纽带。另外，走廊还起到隔声和保暖的作用。

💡 **想一想**
　　在创设走廊环境时，需要考虑哪些安全问题？

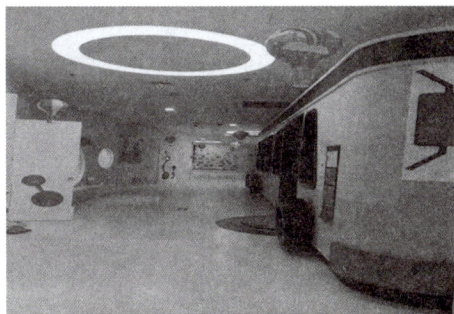

　　走廊的环境创设要考虑安全性和婴幼儿的心理健康。走廊的宽度要适宜。围栏宜采用不便攀登的垂直线饰。可以采用封闭型或半封闭型设计，可以适当增添围栏的童趣。走廊两边的墙面及顶面可以根据需要进行相应的布置，让婴幼儿产生安全感和归属感，感受到趣味性和美感。托育机构可以根据不同班级婴幼儿的发展需求，创设相应的走廊环境。另外，如果走廊足够宽的话，可以设计自然角、阅读区、鞋柜、涂鸦墙等，为婴幼儿提供游戏和探索的多元化活动空间（见图3-5）。

三、楼梯

　　楼梯主要是连接建筑上下层的通道，台阶和扶手应与婴幼儿的身高和四肢长度比例相符合。楼梯两侧宜设置防护栏，栏杆要结

图 3-5　某托育机构的走廊

①　郭星白：《幼儿园环境创设的策略》，载《学前教育研究》，2012（4）。
②　韩智、张敏：《图说：幼儿园环境规划与创设》，30-31页，北京，北京师范大学出版社，2019。

图 3-6　某托育机构的楼梯

实，间隙小，以避免婴幼儿掉下去。如果能够对楼梯墙面和台阶平面进行良好的创设和利用，它们会成为重要的教育资源。可以利用楼道狭长的特性所带来的视觉和空间的变化，营造出整体环境的气氛。

楼梯的风格要与托育机构的整体风格相一致，冷暖色调与大环境相协调。在材料的选择上，除了满足无毒害的要求以外，还要满足防滑要求，避免意外的发生。楼梯墙面、台阶的平面和立面的装饰不宜太过花哨，以中性色调为主，色调不要过于丰富，色彩简单明快，内容简洁明了。沿着楼梯的墙面，可以设立画廊，悬挂一些教师和婴幼儿的作品，也可以运用剪贴、手绘等方法制作墙饰。让儿童参与到墙面环境的布置和创设过程中，增强儿童与墙面的互动性，从中获得归属感并体验参与环境创设的乐趣。①楼梯的台阶上可以装饰"小脚丫"、箭头、数字等图片，突出行走标识，避免儿童在上下楼梯时发生拥挤。此外，楼梯上和楼梯附近不宜放置物品，如果楼梯上铺有地毯，要固定好，避免给儿童的安全带来隐患（见图 3-6）。

托育机构除了有平时供教师、家长和婴幼儿出入的楼梯外，还需设置在紧急情况下使用的疏散楼梯并保持畅通，不得锁闭、占用、堵塞、封闭安全出口、疏散通道。疏散通道顶棚、墙面不得设置影响疏散的凸起的装饰物，不得采用镜面反光材料等影响人员疏散。在高层建筑内设置的托育机构要有独立的安全出口和疏散楼梯。疏散梯段和平台采用防火材料制作，疏散门采用向疏散方向开启的平开门，不得采用推拉门、卷帘门、吊门、转门和折叠门。

> 💡 想一想
>
> 你认为托育机构的楼梯墙饰应该如何布置？为什么？

🔍 **拓展阅读**

《托儿所、幼儿园建筑设计规范》(JGJ39—2016)摘选

(2019 年版)

4. 建筑设计

4.1　一般规定

4.1.9　托儿所的外廊、室内回廊、室外楼梯等临空处应设置防护栏杆，栏杆应以坚固、耐久的材料制作。防护栏杆的高度应从可踏部位顶面算起，且净高不应小于 0.3m。防护栏杆必须采用防止幼儿攀登和穿过的构造，当采用垂直杆件做栏杆时，其杆件净距离不应大于 0.09m。

4.1.11　楼梯、扶手和踏步等应符合下列规定：

1 楼梯间应有直接的天然采光和自然通风；

2 楼梯除设成人扶手外，应在梯段两侧设幼儿扶手，其高度宜为 0.60m；

3 供幼儿使用的楼梯踏步高度宜为 0.13m，宽度宜为 0.26m；

4 严寒地区不应设置室外楼梯；

5 幼儿使用的楼梯不应采用扇形、螺旋形踏步；

6 楼梯踏步面应采用防滑材料，踏步踢面不应漏空，踏步面应做明显警示标识；

7 楼梯间在首层应直通室外。

---

① 刘艳：《跟随孩子改造幼儿园公共环境》，载《早期教育（教师版）》，2017（3）。

4.1.12 幼儿使用的楼梯，当楼梯井净宽度大于 0.11m 时，必须采取防止幼儿攀滑措施。楼梯栏杆应采取不易攀爬的构造，当使用垂直杆件做栏杆时，其杆件净距不应大于 0.09m。

4.1.14 托儿所建筑走廊最小净宽不应小于表 4.1.14 的规定。

表 4.1.14 走廊最小净宽度（m）

房间名称	走廊布置	
	中间走廊	单面走廊或外廊
生活用房	2.4	1.8
服务、供应用房	1.5	1.3

学习效果检测

1. 托育机构的室内公共区域由哪几部分构成？

2. 托育机构的门厅有哪些功能？在环境创设时要考虑哪些问题？

3. 托育机构在走廊环境的创设上要考虑哪些问题？

4. 在教师指导下，选择一家托育机构进行调研，其室内公共区域包括哪些部分？分析其创设效果并提出改进建议。

文本资源

参考答案

延伸阅读

更多关于室内公共区域规划的文章：

1. 杨欢：《幼儿园门厅设计三原则》，载《早期教育（美术教育）》，2020（4）。

本文从功能性、趣味性、宽敞性三个角度具体阐述门厅的设计原则，并配有不同幼儿园门厅的图片供读者欣赏。门厅是幼儿园与家庭、社会连接的桥梁，要体现出幼儿园的文化底蕴和教育理念，让门厅有生命，有灵气。

2. 赵晋：《幼儿园软环境创设中的色彩搭配》，载《早期教育（教师版）》，2013（11）。

本文以武汉市实验幼儿园为例，阐述在实际的环境创设中如何合理地运用色彩并进行科学的搭配，以营造出温馨和谐的氛围，让幼儿感到轻松、愉悦，为达到教育的目的，作者提出了几个具有操作性的策略和建议。

学习任务三
打造有特色的公共区域

学习任务单

学习目标	学习完本任务，你应该能够： ①了解创设有特色的公共区域的价值。 ②理解和掌握有特色的公共区域创设的基本要求。
学习要点	重点、难点： 掌握有特色的托育机构公共区域创设的要求。
学习建议	学习前： ①完成模块下的学习初体验活动。 ②访谈托育机构的保育师，请他们谈一谈所在机构的公共区域的特色，以及在创设过程中存在的疑惑和解决方法。 学习中： ①与同学分享你的访谈内容，并讨论不同机构在创设有特色的公共区域方面的经验与待改进的地方。 ②参观几所当地的托育机构，观察公共区域环境的特色并进行分析和讨论。 学习后： 完成本学习任务后的检测题。
学习运用	你觉得在哪些工作场景中可以运用到本任务所学的知识？（学生填写）
学习反思	记录你在学习过程中的相关思考。（学生填写）

📚 **案例导入**

某托育机构利用室内大厅的公共区域设置了滑梯和波波池。该机构创设这个区域一方面是想体现寓教于乐的理念，另一方面也为家长创设了每天能陪孩子一起玩耍的空间，促进良好亲子关系的建立。这一区域吸引了很多来托育机构的家长，很多家长愿意在接送孩子时带孩子在这里玩一会儿，这也让孩子在入园和离园的环节更轻松。该机构还在波波池上方张贴了机构的课程体系和培养目标，让更多的家长在陪孩子玩的过程中了解该机构的教育理念和课程内容。

托育机构独特的公共区域环境不仅能够反映其特色的理念和文化，而且会给人留下深刻的印象，尤其会得到婴幼儿家长的关注和认可。因此，托育机构需要结合自身的特点以及当地的民俗和文化，统筹布局和合理规划。① 一方面是托育机构在建立之初，对公共区域进行有创意的设计；另一方面是教师根据教育目标和内容，对公共区域中可以变化的环境进行灵活的创设。

一、机构的教育理念与文化

托育机构的公共区域是开放的，可以打破各班级的空间限制，从而最大限度地实现资源共享。当下，很多托育机构都在倡导创设富有特色的公共区域环境，体现机构独特的教育理念和文化。托育机构在公共区域环境创设上不仅要追求美观，还要注重教育性，将教育目标与环境创设有机结合起来。②

以北京市某托育机构为例，该机构每年都会为托大班（即将进入幼儿园的班级）的幼儿举行毕业典礼，并为他们拍照留念。该机构走廊的墙面采用"成长树"的形式进行布置，树上挂满幼儿的毕业照和毕业寄语，传递了"托幼衔接"的教育理念和婴幼儿参与的环境创设理念（见图3-7）。

图3-7　某托育机构走廊墙面的成长树　　图3-8　某托育园门厅处的阅读区和小剧场

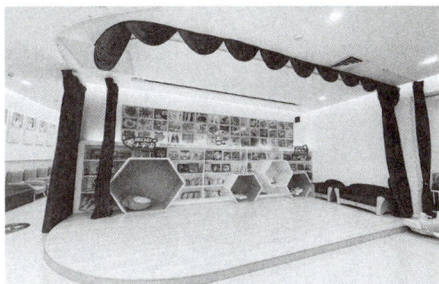

公共区域的环境是托育机构重要的教育资源，但是要发挥其教育功能，还需要幼儿能真正与环境互动起来，因此在创设公共区域环境的过程中要注重其互动性。深圳市某托育园在入口的门厅处设置了公共阅读区域，并且融合了小剧场舞台，这展现了该机构课程中绘本阅读与戏剧教育两大特色（见图3-8）。这一公共区域不仅成为不同年龄班的婴幼儿阅读、互动和表演的平台，而且为家长开放日和节日特色活动等的开展提供了

---

① 李红雨：《幼儿园环境创设》，21-23页，北京，北京师范大学出版社，2013。
② 赵娟：《幼儿园班级管理与环境创设》，152-157页，北京，北京师范大学出版社，2014。

展示的场地。该园在对公共区域的时间安排上有更多的弹性，除了每天固定的区域活动时间外，幼儿在来园、饭后、离园等空余时间都可以自由进出该区域。

某托育机构在公共区域环境创设的过程中注重环境与课程之间的整合，利用墙面和门厅打造了蚂蚁洞穴、藏宝屋、小画廊等公共空间，增加幼儿与环境的互动性。这与该机构支持幼儿自主探索的教育理念相一致，也充分发挥了环境作为隐性课程资源的教育价值。

二、传统文化与地方文化特色

视频资源
龙舟大赛

伴随着经济全球化发展和国际文化交流的深入，本土文化面临着前所未有的挑战。托育机构在公共环境创设时可以考虑展现传统文化或地方文化特色，在潜移默化中让婴幼儿了解、热爱中华优秀传统文化和地方文化，发挥环境创设作为重要的文化资源的价值。

一方面，在公共区域的设计和布局上，可以利用具有文化象征意义的意象。比如，某托育机构在入口处设置了极具文化特色的红色屏风，营造了一种和谐氛围和一个似隔非隔的宁静空间。

另一方面，在环境创设的内容和材料上可以体现文化特色。比如，传统节日、民俗工艺、饮食文化、社交礼仪、神话传说、戏曲文化等方面的内容都可以作为托育机构环境创设的素材。我国很多传统节日，如端午节、元宵节、中秋节等，都拥有深厚的民族文化积淀和丰富的艺术表现形式，在创设环境时也可以纳入这些节日元素，潜移默化地浸染本土文化和家国情怀。

图 3-9　虎年特色墙饰

托育机构公共环境的创设也可以考虑利用当地的自然资源和社会资源，体现地方文化特色。把家乡特有的民俗文化、人文景观融入托育机构公共区域的环境（见图 3-9），有助于婴幼儿感受家乡的风俗和文化，了解自己的家乡，对家乡产生一种自豪感，进而加深热爱家乡的情感。

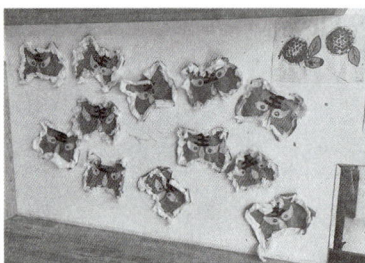

学习效果检测

1. 为什么要创设有特色的托育机构公共区域？
2. 创设有特色的公共区域需要考虑哪些问题？
3. 以小组为单位，考察一所托育机构的教育理念、文化及当地的风俗，尝试为该机构创设有特色的公共区域环境提供可行的方案。

文本资源
参考答案

延伸阅读

更多关于地域文化与环境创设相结合的文章：

陈秉龙：《地域文化背景下的幼儿园环境设计——以福州市浦下幼儿园为例》，载《长春教育学院学报》，2015（8）。

本文以浦下幼儿园为案例，具体阐述在环境创设上如何将寿山石文化融入其中彰显园所特色。另外，在实施的过程中，本文强调要重视幼儿的参与性，提升教师地域文化素养，开展幼儿园特色地域课程，注重地域文化。

学习模块四
创设生活区

　　对婴幼儿生活的照料是满足他们生理需求的主要方式之一，也是托育机构的重要任务。那么你知道婴幼儿的主要生活需求有哪些吗？托育机构又应该如何设置这些生活区域来满足他们的这些需要呢？通过这一模块的学习，你将能够了解托育机构中生活区的创设原则，知道不同区域的功能，以及如何对这些区域进行合理有效的划分，期望这一模块的学习能够在实际工作中对你有所帮助，为婴幼儿创设一个良好的生活环境。

　　婴幼儿每天都需要一些常规的生活上的照护，如进食、盥洗及睡眠等。这些需要都离不开照护者的照料，在托育机构中，照护者在进行这些照护活动时应该有计划地进行，一方面能够满足婴幼儿的需要，另一方面可以让照护工作更加便利，有一定秩序和计划的环境也能够让不同的照护者在工作中保持一致。[①]根据婴幼儿的生活需要，托育机构可以考虑设置睡眠区、食物准备与进食环境、盥洗区以及婴幼儿的卫生间。以下我们将详细地谈一谈如何对每一个生活区域进行创设。

学习导图

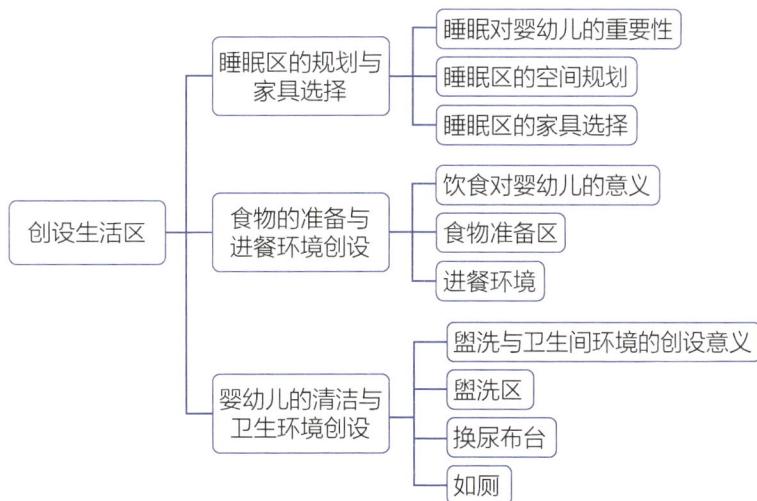

学习初体验

　　欣赏及评析： 图4-1是某托育机构盥洗区和卫生间的环境，你认为这个环境是安全舒适且便利的吗？请与同学交流看法，并想想有什么完善性的建议。你可以在学习完本模块后再来分析。

---

① ［美］菲利斯・M. 科里克：《托幼机构管理》，韦小冰等译，114 页，北京，北京师范大学出版社，2007。

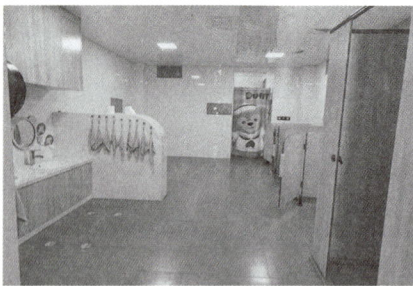

图 4-1　某托育机构的盥洗区与卫生间

学习任务一
睡眠区的规划与家具选择

学习任务单

学习目标	学习完本任务，你应该能够： ①了解睡眠对婴幼儿的重要性。 ②掌握创设睡眠区的原则及注意事项。
学习要点	重点、难点： ①掌握睡眠区创设的原则。 ②能够为不同月龄的婴幼儿准备适宜的睡眠环境。
学习建议	学习前： 　思考学习任务下的典型案例。 学习中： 　结合这一模块的学习内容，再次对典型案例进行讨论、分析。 学习后： 　完成本学习任务后的检测题。
学习运用	你觉得在哪些工作场景中可以运用到本任务所学的知识？（学生填写）
学习反思	记录你在学习过程中的相关思考。（学生填写）

案例导入

在某托育机构的午睡时间，宝宝们都在保育师的帮助下躺在了自己的小床上。室内渐渐安静后，保育师把窗帘拉上，关了室内的灯，播放着舒缓的音乐。过了一会儿，一部分宝宝在舒缓的音乐声中慢慢睡去；另一些宝宝正抱着自己从家里带来的娃娃或者小毛毯等尝试入睡。保育师走过去，轻轻地安抚两三个睁着大眼睛不肯睡觉的宝宝。大概又过了 10 分钟，这部分宝宝也在保育师的哄睡中睡着了。这个时候，如果你仔细观察就会发现，还有几个始终清醒的宝宝，他们摆弄自己的手指，或者在床上动来动去。

想一想你是躺在床上就可以马上入睡吗？一般需要多长时间可以进入睡眠呢？婴幼儿和成人一样，不是躺下来就能马上入睡的，而且在午睡这个问题上，婴幼儿个体之间存在较大的差异。上述案例描述了睡眠区婴幼儿午睡时的情景。你认为在创设睡眠区的时候应该注意什么？是否要让所有婴幼儿都睡觉？如何保证婴幼儿睡眠期间的安全？在这一模块的学习中，我们将主要围绕如何创设婴幼儿生活区中的睡眠区来展开，主要包括睡眠区的空间规划及材料选择。希望在完成这一学习任务后，你能够快速、准确地说出上述案例中存在的问题。

一、睡眠对婴幼儿的重要性

睡眠对于婴幼儿来说重要吗？答案无疑是肯定的，睡眠对于婴幼儿的健康成长、智力及思维能力等方面的正常发育都是极为重要的。因为这一时期的婴幼儿神经系统发育不够成熟，且易疲劳；他们大脑运转很短的时间就需要休息了，还不能像大孩子或成人一样可以持续投入活动并保持精力充沛，只有睡眠充足了，他们才会开展其他的活动，比如，练习爬、走路或者拼一个简单的拼图等。所以，我们通常会看到，越小的婴幼儿，其睡眠的时间越长，新生儿几乎一整天都处于睡眠状态，他们的每日睡眠有 16—20 小时。随着大脑皮层逐步发育，他们的睡眠时间会逐渐缩短。[1]表 4-1 是不同月龄婴幼儿所需睡眠次数和时间，保育师在实际工作中还需要根据婴幼儿个体差异和个体需要进行灵活调整。

> **想一想**
>
> 如果你是一个 6 个月大的宝宝，此时你还没有学会翻身，什么样的睡眠环境会让你喜欢并且能够让你安心入睡呢？再试想一下，如果你是这个宝宝的家长，你想为你的宝宝营造一个什么样的睡眠环境呢？

表 4-1　不同月龄婴幼儿每日所需睡眠次数和时间

月龄/年龄	次数	白天持续时间（小时）	夜间持续时间（小时）	总计时长（小时）
初生	每日 16—20 个睡眠周期，每个周期半小时至 1 小时			20
2—6 个月	3—4	1.5—2	8—10	14—18
7—12 个月	2—3	2—2.5	10	13—15
1—3 岁	1—2	1.5—2	10	12—13

科学研究发现，在睡眠时，婴幼儿的大脑和身体都能够进行快速的生长和发育，如果婴幼儿睡眠不足，就会导致他们烦躁不安，食欲不振，影响体重的增长等。[2]比如，我们经常见到的婴幼儿哭闹可能与睡眠不足

---

[1]　人力资源和社会保障部、中国就业培训技术指导中心：《育婴员（基础知识、五级、四级、三级）》，65 页，北京，海洋出版社，2013。

[2]　人力资源和社会保障部、中国就业培训技术指导中心：《育婴员（基础知识、五级、四级、三级）》，136 页，北京，海洋出版社，2013。

有关系，这种情况时间长了，可能会导致婴幼儿抵抗力下降，易生病。因此，托育机构中睡眠区的创设对于婴幼儿来说是非常重要的，那么应该如何创设睡眠区？需要放置哪些物品？

备考指南

2019 年初级育婴师从业资格考试真题

婴儿（　　）时，会影响睡眠。

A. 吃饱　　　　　　　　　　　　B. 饥饿

C. 吃适量的水果后　　　　　　　D. 喝了适量的水后

【参考答案】B

学习笔记

二、睡眠区的空间规划

目前托育机构的收托类型不一样，托育机构会根据家长和婴幼儿的需要来安排收托的时间，比如，有的托育机构是半日制的，有的则是全日制的。在半日制的托育机构中，婴幼儿可能只需要在这里待半天的时间，睡眠更多的是在家庭中进行的。但是我们上面也提到，年龄越小的婴幼儿越容易感到疲劳。因此，在托育机构的时间段内，他们还是会需要休息或睡眠的。关于休息的部分，我们将会在下一个模块中进行详细讲解。以下是对专门的睡眠区如何规划所进行的介绍。

（一）安全

在创设睡眠区的时候，首先要遵循的原则是安全，要为婴幼儿营造出仿佛置身于自己家中的卧室一样的安全感；同时该区域的设置也要便于照料者观察婴幼儿，室内的摆设不能遮挡照料者的视线，以便照料者及时发现婴幼儿睡眠期间出现的问题，并进行处理，比如，在婴幼儿睡眠时，照料者要经常查看婴幼儿的睡眠状态，以防发生婴幼儿猝死综合征。

拓展阅读

婴儿猝死综合征[①]

目前我国关于这一问题的研究还比较少，美国儿科学会提出，6 个月以前的婴儿严禁趴着睡。因为较小的婴儿对于自己身体的控制能力还很弱，如果趴睡，婴儿很可能不会转动头部以确保自己的呼吸畅顺，也容易出现因口鼻被遮挡而窒息的情况，甚至造成婴儿猝死综合征的发生。婴儿猝死综合征是指 1 岁以下的婴儿在没有任何征兆的情况下突然死亡。在美国，这是 1 个月至 1 岁的婴儿最主要的死因。发生地点通常是家里或日托中心。

婴儿猝死综合征发生的原因目前还无法解释，但是已发现并得到证实的几个婴儿猝死综合征推测的原因中就包括趴着睡，摇篮或婴儿床铺过于柔软，发热等。婴儿，特别是 6 个月以前的婴儿还不能够自主翻身，因此这增加了婴儿猝死的风险。所以要使用专门的婴儿床，并且让婴儿，特别是能自主翻身前的婴儿采用仰卧的睡姿，同时避免使用太过柔软的床上用品，并移走床上其他物品和毛绒玩具等。

---

① 邢唯杰等：《预防婴儿猝死综合征的安全睡眠环境证据总结》，载《中国护理管理》，2020（12）。

（二）安静

睡眠区的位置最好选择在相对安静的地方。从室内的布局来看，尽量选择那些能够远离嘈杂的大肌肉活动的区域，同时远离室内的过道区域；对于室外环境也有一定的要求，即尽量选择一些有限制通道的位置，以减少户外交通流量对婴幼儿睡眠环境的影响。①

（三）卫生与消毒

睡眠区的创设还包括卫生与消毒，即要确保睡眠的整个过程中的清洁、卫生，包括环境卫生及对婴幼儿个人的清洁。根据 2012 年《托儿所幼儿园卫生保健工作规范》的相关规定，儿童的卧室应经常开窗通风，保持室内空气清新。每日至少开窗通风 2 次，每次 10—15 分钟，在不适宜开窗通风时，每日应当采取其他方法对室内空气消毒 2 次。也要注意对婴幼儿身体的清洁，在睡觉前将婴幼儿的脸、脚、臀部洗净或睡前给婴幼儿洗澡，稍大一点的婴幼儿在睡前会有如厕的需要等，这些都有助于他们更好地入睡。②因此，该区域设置在通风便利且临近便于盥洗和如厕的区域是比较理想的。此外，为了防止细菌的传播，床与床之间至少要有 60cm 的距离，因此，要根据托育机构婴幼儿的人数来计算睡眠区实际所需要空间的大小。

（四）光线与温度

除了要满足睡眠区环境安全、安静和卫生的要求之外，还需要注意睡眠区的光线和温度的问题。《托育机构保育指导大纲（试行）》指出，为婴幼儿提供的良好睡眠环境要温度、湿度适宜，且白天睡眠时不过度遮蔽光线；在做空间规划时，睡眠区要设置在有一定遮蔽（注意：不要过度遮蔽）的地方，这是为了避免阳光的直接照射导致室内温度升高，因为室内温度的升高会导致婴幼儿体温的上升，不利于他们的健康生长，理想的室内温度控制在 25℃ 左右为宜；室内的光线要柔和，可以使用有调节开关的灯对这一区域的光线进行调节。

三、睡眠区的家具选择

在选择睡眠区家具的时候要充分考虑不同月龄段婴幼儿的不同需求。

（一）床铺

在床铺的选择上，可以给月龄小的婴幼儿准备有帐篷的摇篮，给月龄稍大的婴幼儿准备婴幼儿床，床的软硬度要适中，最好是木板床，以保证婴幼儿脊柱的正常发育；同时要确保每一个婴幼儿都有个人专用的睡眠空间③，这有利于保证卫生，防止细菌的传播。每张婴幼儿的床上都要有干净的床单和被子（有一些托育机构可能要求家长自带这些物品，根据托育机构的规定进行调整即可。注意：床单和被子要根据不同季节及时进行更换）。出于安全的考虑，睡眠区至少要准备一辆带轮的婴幼儿床，以便发生紧急情

① Lally, J. R., Stewart, J., & Greenwald, D., *Infant/Toddler Caregiving: A Guide to Setting Up Environments*, 2nd ed., Sacramento, CA, California Department of Education, 2009.
② 人力资源和社会保障部、中国就业培训技术指导中心：《育婴员（基础知识、五级、四级、三级）》，143 页，北京，海洋出版社，2013。
③ ［美］菲利斯·M. 科里克：《托幼机构管理》，韦小冰等译，116 页，北京，北京师范大学出版社，2007。

况时可以更快速地转移。对于床铺的收纳，要尽量便于照护者使用，同时要避免婴幼儿接触。收纳柜最好有分隔的空间且粘贴每名婴幼儿的名字，空间要能够放下婴幼儿的床铺和床上用品等（见图4-2）。

图 4-2　床铺收纳

备考指南

2015 年育婴师(五级)从业资格考试真题

选择婴儿床应（　　　）。

A. 有利于婴儿在床上练习抬头　　　　　　B. 利于骨骼生成

C. 符合父母的意愿　　　　　　　　　　　D. 遵循老人的喜好

【参考答案】B

（二）悬挂物

为了使该区域的亮度减弱，使睡眠区光线柔和适宜睡眠，窗户要有遮光物，比如，悬挂窗帘。但是要注意，在遮光物的材质上一定要选择安全无毒的材料，如棉质材料；在颜色的选择上，尽量选择柔和偏中性的颜色，避免鲜艳颜色的刺激。另外，一些托育机构的睡眠区可能和其他区域没有明显的界线，对于这种情况，也可以使用一些柜子将其隔开，并且可以从天花板上悬挂一些布织物作为软墙来进行分隔，在材质和颜色的选择上同样遵循上述要求。

（三）其他物品

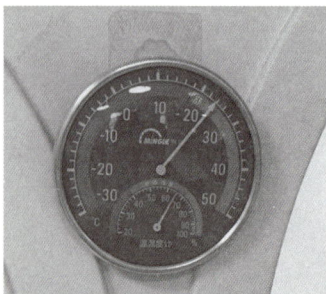

图 4-3　某托育机构睡眠室的温湿度计

为保证室内有适宜婴幼儿的温度和湿度，在睡眠区可以放置温湿度计以便照护者随时、及时地查看室内温度和湿度；选择温湿度计时最好选择电子的、不易碎的，在安全的前提下为婴幼儿营造适宜的温度和湿度（见图4-3）。

另外，可以在睡眠区放置音乐播放器，根据婴幼儿的不同需要，播放一些舒缓的音乐，有助于他们的睡眠。一些植物和无声的悬挂物也可以放置在该区域供婴幼儿环顾，让周围环境对他们来说更有吸引力，引导婴幼儿逐渐熟悉和认识周围的事物。

在创设这个区域的时候，还应考虑到不同婴幼儿的需求，如果有些婴幼儿不能适应统一的睡觉时间，那么托育机构可以在睡眠区的角落设置一个休息区，并在休息区提供一些材料，如画板，让他们先适应这样的节奏。但是要注意光线的问题，如果睡眠区内的光线不充足，也可以让他们在睡眠区附近的其他区域做一些安静的活动。

（四）家具的清洗与消毒

试一试

全班分小组讨论睡眠区可能还需要哪些物品，把它们都列出来，再看看哪些是必需的，哪些不是必须出现在这个区域的。

床围栏等婴幼儿易接触的物体表面应每日消毒一次，消毒方法按照《托儿所幼儿园卫生保健工作规范》附则3《托幼机构环境和物品预防性消毒方法》严格执行，尤其要注意消毒液配比和消毒时间。

学习效果检测

1. 请谈一谈睡眠对于新生儿的重要性。

2. 托育中心的睡眠室应如何通风？

3. 新生儿几乎一天都处于睡眠状态，他们的每日睡眠有（　　　）小时。

A. 8—10　　　　B. 10—12　　　　C. 16—20　　　　D. 20—24

4. 在进行睡眠区的空间规划时，需要注意哪几方面？可以展开说一说。

5. 观察图 4-4 睡眠区的创设，结合本节所学，你认为哪些符合睡眠区环境创设的要求？哪些不符合，如何改善？

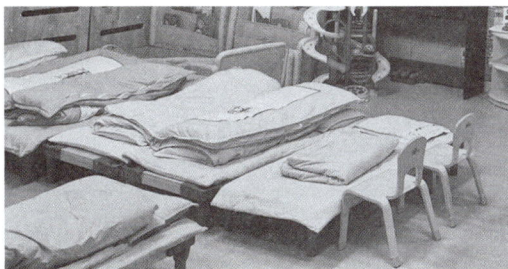

图 4-4　睡眠区

延伸阅读

更多关于婴幼儿睡眠与健康的文章：

王惠珊：《睡眠养育照护行为与儿童健康》，载《中国儿童保健杂志》，2021（5）。

为提高婴幼儿睡眠质量并预防睡眠问题的发生，儿童保健医生为照护者提供婴幼儿睡眠健康知识宣传和预见性指导，引导照护者采取科学的睡眠养育照护行为，以促进儿童早期发展。

更多关于如何营造婴幼儿睡眠环境的文章：

张兴利：《营造温馨、安全的婴幼儿睡眠环境》，载《早期教育（教育教学）》，2020（5）。

创造温馨、舒适、安全的睡眠环境，营造一种有利于婴幼儿休息的、平和且安静的氛围，有助于婴幼儿养成良好的睡眠习惯，确保他们获得高品质的睡眠。他们的睡眠环境既包括生活环境的布置，又包括睡眠习惯的建立及睡眠氛围的营造。

学习任务二
食物的准备与进餐环境创设

学习任务单

学习目标	学习完本任务，你应该能够： ①知道食物的准备与进餐环境对婴幼儿的意义。 ②初步了解食物的准备与进餐环境创设的材料与要求。
学习要点	重点、难点： ①了解食物准备的环境，注意确保食物准备过程的卫生与安全。 ②能够为不同月龄的婴幼儿营造进餐环境。
学习建议	学习前： 　初步了解不同月龄婴幼儿的营养与喂养要点。 学习中： 　结合本任务中的典型案例，说一说案例中的食物准备和进餐环境存在哪些问题及应该如何解决。 学习后： ①完成本学习任务后的检测题。 ②可以结合延伸阅读中提供的参考文章进一步学习相关知识。
学习运用	你觉得在哪些工作场景中可以运用到本任务所学的知识?（学生填写）
学习反思	记录你在学习过程中的相关思考。（学生填写）

📚 **案例导入**

　　试想一下你是一个托育机构的婴儿，进餐时间到了，你感觉到自己被放到了一张餐椅里，照料者安静地忙碌着，而你被单独留在餐桌旁，面前只有一个空的餐盘。你可能会不耐烦，开始扭动身体。突然，照料者出现，把一勺子不知道是什么的食物猝不及防地塞进你的嘴里，然后一勺接一勺不停地喂进你的嘴巴，你是什么感受？

　　你认为进餐期间的情景应该是上述案例中的这样吗？这样的进餐环境是适宜的吗？应该如何创造良好的进餐环境呢？在学习任务二的过程中，我们将围绕婴幼儿的饮食来说一说如何进行环境创设，包括食物的准备区和良好的进食环境的创设。

一、饮食对婴幼儿的意义

🔍 **试一试**

　　图 4-5 是中国居民平衡膳食宝塔，请试着将以下几种食物分别填入每一层。

　　　①牛奶　②鸡蛋　③油、盐、糖　④谷类食物　⑤蔬菜和水果

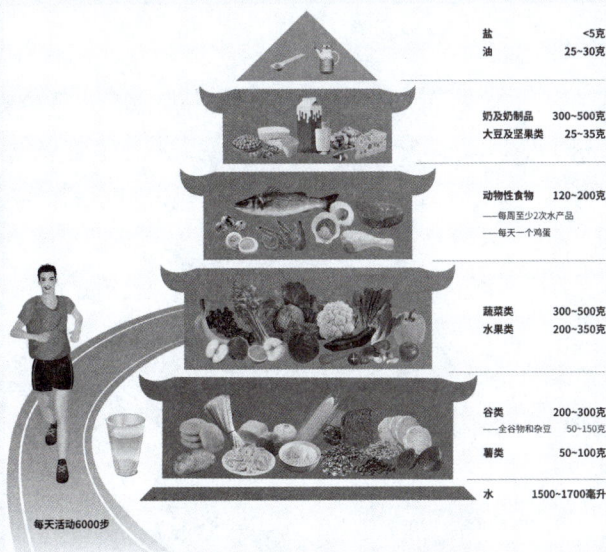

图 4-5　中国居民平衡膳食宝塔（2022）①

　　0—3 岁是人的一生中生长发育最快的时期，也是人生长发育的关键时期，良好的营养能够促进身体的生长发育。合理的膳食及喂养方式有助于婴幼儿的健康成长，并促进智力等方面的发育，同时对降低疾病的发生起到关键作用。②因此，在婴幼儿来到托育机构后，作为他们一日生活的照护者，应该清楚地知道不同月龄婴幼儿所需要的营养，以及对不同月龄的婴幼儿应采用什么样的喂养方式。这也符合《托育机构保育指导大纲（试行）》所提出的营养与喂养目标，让婴幼儿获取安全、有营养的食物，达到正常生长发育水平，同时帮助他们养成良好的饮食行为习惯。表 4-2 是不同月龄婴幼儿营养与喂养要点，可作为参考。

---

　　①　《中国居民平衡膳食宝塔（2022）》，http://dg.cnsoc.org/images/ssbt2022b.jpg，2023-05-21。
　　②　杨玉凤：《重视早期营养对婴幼儿认知发展及行为疾病的重要性》，载《中国儿童保健杂志》，2021（2）。

表 4-2　不同月龄婴幼儿营养与喂养要点

月龄	营养要点	喂养要点	注意事项
7—12	①母乳喂养，不能继续母乳喂养的要使用配方奶喂养；②及时添加辅食，从富含铁的泥糊状食物开始。	鼓励婴儿尝试自己进食，培养进餐兴趣，不强迫喂食。	①在引入新食物时要密切观察婴儿的不良反应；②注意观察婴儿发出的饥饿或饱足信号，及时回应。
13—24	①继续母乳喂养或配方奶喂养，可引入奶制品作为辅食；②每日提供多种类别的食物。	①鼓励和协助幼儿自己进食；②培养幼儿使用水杯喝水的习惯。	①关注幼儿以语言、肢体动作等发出的进食需求信号；②不提供含糖饮料。
25—36	每日提供多种类别的食物。	①引导幼儿认识和喜爱食物；②培养幼儿专注进食的习惯和选择多种食物的能力。	鼓励幼儿参与协助分餐、摆放餐具等活动。

在托育机构的婴幼儿生活空间中，与婴幼儿饮食相关的空间一般由两部分组成，即可以用来储存、准备食物的区域和婴幼儿进餐区域。

二、食物准备区

我们可以从前文中不同月龄婴幼儿的营养与喂养要点中看出来，不同月龄的婴幼儿需求是不同的，而且越是月龄小的婴幼儿，其进餐的时间越不固定。另外，有些婴幼儿有自己的奶粉或特殊食物，托育机构应根据《托育机构婴幼儿喂养与营养指南（试行）》中关于自带食物管理的规定，与家庭充分沟通，并做好接收和使用记录。

托育机构乳儿班和托小班还应设有配餐区，位置独立，备餐区域有流动水洗手设施、操作台、调配设施、奶瓶架，配备奶瓶清洗、消毒工具，配备奶瓶、奶嘴专用消毒设备，配备乳类储存、加热设备。目前国内许多托育机构的食物准备通常是在厨房完成的，配餐区主要用来给婴幼儿泡奶粉或者加热母乳，一般保育师会需要这样一个地方来放置厨房送来的餐食及餐具（见图 4-6、图 4-7）。一些国外的托育机构则会在教室中单独设置一个这样的空间来准备一些简单的食物。

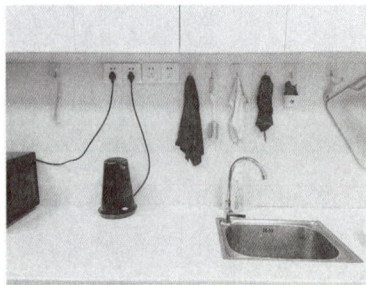

图 4-6　分餐区　　　　　图 4-7　保育师在食物准备区为幼儿盛饭　　　　　图 4-8　带有指示图案的餐垫

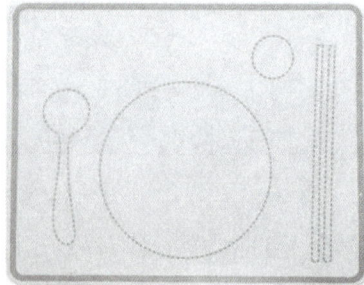

（一）所需家具和材料

在创设食物准备区时，你可能会用到以下家具和材料：

家具：柜台和洗涤槽、冰箱、微波炉等；

进餐工具：勺子、不易破的碟子和碗等；

消毒器具：用于清洗和消毒碗筷的器具；

告示牌：用于标明每名婴幼儿应该摄入的食物量和进餐时间，以及每天实际的进餐量。

在选择这些材料时，最好选择易于清洗的，这便于保持物品的清洁，同时能够减少照护者清洗这些物品的时间。另外，在选择婴幼儿的进餐工具时应选择适合他们年龄特点的工具和能够引起他们进食兴趣的工具，比如，一些托育机构会提供餐垫，餐垫上绘有碗筷对应摆放的图案，这既能够引起婴幼儿的进餐兴趣，又能够帮助他们逐渐养成良好的进食习惯（见图 4-8）。

拓展阅读

培养良好的进餐习惯①

（1）规律进餐，每次正餐控制在 30 分钟内。鼓励幼儿自主进食。

（2）安排适宜的进餐时间、地点和场景，根据幼儿特点选择和烹制食物，引导幼儿对健康食物的选择，培养不挑食不偏食的良好习惯，不限制也不强迫进食。进餐时避免分散注意力。开始培养进餐礼仪。

（3）喂养过程中注意进食安全，避免伤害。不提供易导致呛噎的食物，如花生、腰果等整粒坚果和葡萄、果冻等。

（4）合理安排幼儿的身体活动和户外活动，建议户外活动每天不少于 2 小时。

（二）空间划分

为确保环境卫生，在空间规划上，食物准备区要和换尿片及厕所区域完全分开。在有些托育机构中，会有专门的人员负责配餐，但仍建议乳儿班和托小班设有配餐区且位置独立，这一区域主要是为了给婴幼儿制作配方奶或加热母乳使用。在国外，有一些托育机构会设置食物准备区，为婴幼儿制作一些简单的餐食。为了安全考虑，这一区域的存储空间要足够高以避免婴幼儿接触。可以在食物准备区的入口处设置一个可以锁起来的门，这样照护者在里面准备食物时，可以确保婴幼儿进不去。

（三）环境布置

可以在这个区域张贴一些食物的图片并标上食物的名称，这些图片尽量放到婴幼儿可以看到的地方。还可以张贴照护者需要注意的事项或者需要完成的工作。

图 4-9 食物准备区的墙面布置

（四）注意事项

1. 关于地面

由于在准备食物时会用到水，地面很容易被弄湿，因此要时刻注意保持地面的干燥，及时清理地面上的水以免发生意外。这一区域的地面不要铺设地毯，这样便于清洁。

---

① 引自国家卫生健康委 2021 年组织编写的《托育机构婴幼儿喂养与营养指南（试行）》。

2. 清洁与消毒

在选择家具和材料时，要尽量选择那些表面易于清洁的。这些需要清洁与消毒的物品要放在一个可以锁的柜子里，最好选择一个高处的柜子。对餐具、炊具等器具的消毒，可以按照消毒柜等的产品说明进行。

3. 膳食和营养要求

食物应储存在阴凉、干燥的专用空间。对于标注开封时间的配方食品，每次使用后及时密闭，并在规定时间内食用。配方食品应按照产品使用说明按需、适量调配，调配好的配方食品1次使用，如有剩余，直接丢弃。配方食品在规定的配餐区配置。调配好的配方奶，在喂养前需要试温，保育师要做好喂养记录。

拓展阅读

如何冲调奶粉①

首先要了解冲调奶粉的三要点：清洁，正确及新鲜。也就是说，冲奶前务必洗手，器具充分清洗、消毒；冲奶时放入适量的奶粉，如果是分装奶粉，则用罐内附带的小勺正确量取；冲奶后，余奶一定不要再喂给婴儿。

具体步骤如下：

第1步：准备器具。将奶瓶、奶嘴、奶瓶盖、随罐奶勺、夹瓶器、奶瓶刷、开水壶、消毒锅等专用器具搜集完整，进行彻底洗净、消毒。奶瓶应用奶瓶专用刷刷洗，在用沸水消毒时，加水至器具全部没入水中，煮沸5—10分钟，其中煮奶嘴3分钟。

第2步：加入温开水。用一个水壶将饮用水煮沸5分钟，待凉至40℃左右后，根据所要冲调的量倒入清洁好的奶瓶中。

第3步：加入适量的奶粉。根据婴幼儿的月龄及产品包装上的喂哺表，用专用量勺量取适量奶粉。多出量勺上沿的奶粉要刮去，保证量取奶粉的准确。将奶粉加入盛有温开水的奶瓶中。

第4步：使奶粉溶解。用专用搅拌棒搅拌，或者轻轻摇动奶瓶，使奶粉溶解。

备考指南

2019年初级育婴师从业资格考试真题

婴儿喂养可以选择的奶类有（　　　）。

A. 原奶　　　　B. 配方奶　　　　C. 炼乳　　　　D. 酸奶

【参考答案】B

三、进餐环境

在创设进餐环境时，除了考虑整体环境的创设外，还要考虑不同月龄婴幼儿的需求，以及照护者的需求。比如，一名还没有断奶的婴幼儿可能需要照护者抱着喂奶，那么这名婴幼儿和照顾他的成人需要什么样的环境呢？又如，刚刚学会走路的婴幼儿还需要成人一对一的照护吗？在创设进餐环境时，既要考虑该区域的物质环境创设，又要考虑心理环境的创设，进餐环境对婴幼儿很重要，如果进餐的环境嘈杂，气氛紧张，就会影响到食欲。另外，婴幼儿的进餐情绪更容易受到环境的影响，因此，要注重托育机构进餐区环境的创设。

---

① 人力资源和社会保障部、中国就业培训技术指导中心：《育婴员（基础知识、五级、四级、三级）》，52页，北京，海洋出版社，2013。

（一）整体环境要求

1. 减少噪声干扰

托育机构如果临近吵闹的街道，就会受到各种噪声的干扰，容易使婴幼儿烦躁，影响进食，因此在空间设置上，可以把进餐区放置在相对安静的区域。另外，如果进餐区有多余人员走动或讲话，就会转移婴幼儿的注意力，其进食量会减少，因此，照护人员要做好人员规划，减少人员的走动。①

2. 空间大小

进餐区域要营造一个宽松的氛围，不要设置在狭窄拥挤的地方，不然会让婴幼儿彼此碰撞产生矛盾，从而影响进餐情绪。

3. 温度

要保证这一区域有适当的温度，因为如果温度过低，饭菜很快就凉了，婴幼儿不爱吃，且吃进去以后身体会不舒服；而如果温度过高，又会使婴幼儿烦躁不安，降低食欲。因此，进餐区要有取暖和降温的设施，以便根据不同情况调节温度。

4. 保持环境整洁

整洁的环境有利于进餐，如果进餐区是杂乱无章的，比如，有乱放的玩具、杂物等，这会转移婴幼儿的注意力，使其不能专注进餐。因此，在进餐前一定要保证这个区域是整洁有序的。

5. 创设愉悦的精神氛围

良好的精神氛围能够让人产生积极的情绪，从而增加食欲。因此照护者在帮助和引导婴幼儿进餐时，要注重精神氛围的营造。照护者可以在进餐前以热情的态度向婴幼儿介绍饭菜的名称，激发他们的食欲；同时还要注意，在进餐前和进餐中，照护者要让他们始终有良好的情绪，及时感知婴幼儿发出的饥饿和饱足信号（动作、表情、声音等），及时做出恰当的回应，鼓励但不强迫进食，尊重婴幼儿的进食意愿。

> **💡 想一想**
>
> 请结合你去过的托育机构，说一说这些托育机构的进餐环境如何，并说明理由；如果觉得不好，请给出改善的建议。

> **视频资源**
>
>
>
> 保育师和幼儿一起准备食物

🔍 拓展阅读

婴幼儿食育②

食育有益于身心健康，增进亲子关系。托育机构与家庭配合开展食育，让婴幼儿感受、认识和享受食物，培养良好进食行为和饮食习惯，启蒙中华饮食文化。

1. 感受和认识食物

适时引导婴幼儿感受食物，通过视觉、触觉、嗅觉、味觉、听觉等感知食物的色、香、味、质地，激发婴幼儿对食物的兴趣，促进其认识食物，接受新食物。可以让幼儿观察或参与简单的植物播种、照料、采摘等过程，并让幼儿参与食物的制备。

2. 培养饮食行为

营造安静温馨、轻松愉悦的就餐环境，引导婴幼儿享受食物，逐步养成规律就餐、专注就餐、自主进食的良好饮食习惯。正确选择零食，避免高糖、高盐和油炸食品。

> **视频资源**
>
>
>
> 种南瓜，做南瓜饼

---

① 唐华：《幼儿的进餐环境及其创设》，载《学前教育》，1995（5）。

② 引自国家卫生健康委 2021 年组织编写的《托育机构婴幼儿喂养与营养指南（试行）》。内容有改动。

3. 体验饮食文化

培养用餐礼仪，感恩食物的提供者，珍惜食物。结合春节、元宵、端午和中秋等传统节日活动，让婴幼儿体验中华饮食文化。

连线职场

你该怎么办？

试想一下，你的班级最近来了一个 18 个月的孩子。他之前在家中一直吃很软的食物，还不太会咀嚼。在午餐进餐时，他显得非常抗拒，此时你将如何帮助他呢？

为了使进餐区的氛围更加舒适，可以在餐桌上铺桌布，提高婴幼儿的进餐兴趣，使进餐更有仪式感，同时播放一些优美舒缓的音乐。

备考指南

初级保育员从业资格考试题

（　　）有利于婴幼儿进餐。

A. 婴幼儿吃饭时有陌生人出现　　　　　　　　B. 催促婴幼儿进餐

C. 餐室内保持安静，同时轻声地播放轻松的音乐　　D. 教师聊天

【参考答案】C

（二）喂奶室

根据《托育机构婴幼儿喂养与营养指南（试行）》的要求，托育机构应按照要求设立喂奶室或喂奶区域，并配备流动水洗手等设施、设备。鼓励母亲进入托育机构亲自喂养，同时做好哺乳记录，保证按需喂养。

在婴幼儿喂奶或添加辅食时，他们与照护者的社会交往就开始了，婴幼儿与成人的对视、交谈和倾听都能在这一过程中发生，因此喂奶区的创设既要满足婴幼儿进食的需求，又要满足他们和成人的交流需求。

当婴幼儿需要抱着喂奶时，可以在这一区域放置成人喂奶时使用的摇椅，可以让婴幼儿自己拿着奶瓶。

（三）为稍大婴幼儿准备的进食区

图 4-10　带弧度的婴幼儿座椅

稍大一点的婴幼儿，就可以和 2—4 个同伴围坐在一张小桌子旁进餐了，这会让他们感到愉悦。①因此可以准备婴幼儿座椅或者低桌椅，椅子的选择一定是安全的，最好选择椅背有一定弧度的，这样婴幼儿坐着的时候会感到安全、舒适（见图 4-10）。在选择低桌椅时，要保证婴幼儿在坐着时，他们的脚可以触碰到地面，且桌子的高度在下巴下方为宜。在布置桌椅时，要让婴幼儿可以看到彼此。另外，带有宽底座的婴幼儿座椅是安全的。但是对于进餐期间看护婴幼儿的成人来说，他们并不适合坐在婴幼儿座椅上，有些机构的做法是为成人准备符合成人高度的座椅。还有一种可借鉴的方法是，准备可调节高度的凳子供成人使用。

---

① Lally，J. R.，Stewart，J.，& Greenwald，D.，*Infant/Toddler Caregiving：A Guide to Setting Up Environments*，2nd ed.，Sacramento，CA，California Department of Education，2009.

（四）饮水区

根据 2012 年《托儿所幼儿园卫生保健工作规范》的要求，应为婴幼儿提供符合《生活饮用水卫生标准》的生活饮用水，保证婴幼儿按需饮水。每日上午、下午各 1—2 次集中饮水，1—3 岁幼儿饮水量为 50－100 毫升/次，并根据季节变化酌情调整饮水量。因此饮水区应放置符合规定的饮水机，并且提供给婴幼儿的水（包括冲泡奶粉的水）应为煮沸后冷却到 40℃以下的、适宜婴幼儿饮用的开水，做好措施避免发生烫伤事故。[①]

图 4-11 提示婴幼儿饮水的墙面环境

为婴幼儿准备的水杯应保证一人一个专用水杯（瓶），水杯不可以混用，且使用后要及时清洗并用流动蒸汽、高温煮沸等方式进行消毒。在教室的墙面装饰上也可以粘贴一些图画，提示婴幼儿饮水（见图 4-11）。另外，托育机构应提供安全饮用水，避免提供果汁饮料等。

> **📶 备考指南**
>
> **2019 年初级育婴师从业资格考试真题**
>
> 给婴儿准备温白开水，适宜温度为（　　）。
>
> A. 25℃—30℃　　　　　B. 30℃—35℃　　　　　C. 35℃—40℃　　　　　D. 40℃—45℃
>
> 【参考答案】C

学习效果检测

1. 请说一说不同月龄的婴幼儿喂养要点有何不同。

2. 现在请你回忆一下，食物准备区在环境的规划上都有哪些要求和注意事项。

3. 为什么婴幼儿的饮食和营养对于他们来说是很重要的？

4. 试想一下，在你的班级，保育师经常在幼儿进餐时播放一些快节奏的流行歌曲，且播放声音很大，你作为这个班级中的教师，该如何与保育师进行沟通。

文本资源

参考答案

延伸阅读

更多关于婴幼儿喂养的文章：

1. 汪之顼、盛晓阳、苏宜香：《〈中国 0～2 岁婴幼儿喂养指南〉及解读》，载《营养学报》，2016（2）。

婴幼儿营养与健康状况是社会和家庭关注的焦点，也是衡量国家、地区社会发展状况的重要指标之一。本文对《中国 0～2 岁婴幼儿喂养指南》进行解读，分别对 6 月龄内婴儿母乳喂养和 7—24 月龄婴幼儿喂养做出了详细的说明，给了丰富的指导意见。

---

① 引自广州市增城区卫生健康局 2020 年印发的《广州市托育机构卫生保健工作规范（试行）》。

2.［美］凯西·罗伯逊:《儿童早期教育中的安全、营养与健康》,刘馨等译,北京,北京师范大学出版社,2018。

本书主要介绍了有关幼儿安全、营养、健康及当前幼儿健康教育所面临的一些问题的专题。作者在幼儿营养方面有着丰富的教学经验,她将营养、喂养的理论与实践相结合。书中的每一个专题都详细介绍了幼儿教师应如何照护幼儿,以及如何与家庭合作,对照护者来说,本书具有一定的操作性和指导性。

学习任务三
婴幼儿的清洁与卫生环境创设

学习任务单

学习目标	学习完本任务，你应该能够： ①了解盥洗与如厕环境的创设对婴幼儿的重要性。 ②初步掌握盥洗区和卫生间的环境创设所需物品及注意事项。
学习要点	重点、难点： ①知道各区域物品及相应要求，并注意对细节的把握。 ②知道作为照护者应如何在这一区域与婴幼儿互动，营造良好的心理环境。
学习建议	学习前： 从网上搜集托育机构盥洗室和卫生间的照片。 学习中： 完成本任务中的洗手儿歌的创编活动。 学习后： ①完成本学习任务后的检测题。 ②通过学习本任务，结合自己搜集的托育机构盥洗室和卫生间的照片，说一说自己的想法。
学习运用	你觉得在哪些工作场景中可以运用到本任务所学的知识？（学生填写）
学习反思	记录你在学习过程中的相关思考。（学生填写）

案例导入

托育机构 A：

到了吃午餐的时间，保育师告诉班上 2—3 岁的孩子们去洗手，保育师说："宝贝们，现在可以去洗手了。"孩子们一个一个地去了盥洗区，有的高一点的孩子直接打开水龙头，水流很大，一下子就把衣服溅湿了；而有的孩子个子还不足以够到水龙头，只好把手放在水盆里沾了点水，然后去吃饭了。另一边，保育师已经开始给坐好的孩子们盛饭了。

托育机构 B：

到了吃晚饭的时间，保育师组织班上 2—3 岁的孩子们去洗手，保育师说："我们应该怎么洗手呀？"她一边说一边示意孩子们洗手的动作。然后她和另一名保育师一起带着这些孩子来到盥洗区，提示孩子们慢慢打开水龙头，一边唱着洗手歌，一边观察哪个孩子需要帮助，很快，大家都洗完手一起回到了进餐区准备进餐。

请你对比案例中的两个托育机构，说一说你更认同哪所托育机构中教师的做法，并对另一所托育机构中教师的做法提出改进的建议。

一、盥洗与卫生间环境的创设意义

婴幼儿的盥洗与如厕看似是托育机构中一件微不足道的工作，但是，如果我们仔细思考一下，它们其实是与婴幼儿的健康紧密相连的。

盥洗环节主要包括洗手、漱口等活动，大小便则需要在卫生间完成。除了盥洗区和卫生间外，对于乳儿班和托小班来说，需要在活动室布置专门的换尿布台。洗手的重要性不言而喻，我们通常说病从口入，洗手可以帮助婴幼儿把好健康的第一道关。换尿布可以及时帮助婴幼儿清洁已经弄脏的尿布，让他们感到舒适，同时也能够防止由于长时间没有更换尿布而长出尿布疹等问题。很多进入托育机构的婴幼儿，特别是稍大一点的幼儿，在如厕方面会存在一个问题，他们不愿意在托育机构里大便，而是回到家后才肯大便，这样不仅会影响他们的身体健康，也会影响他们在机构中的状态。《托育机构保育指导大纲（试行）》指出，盥洗和如厕环节主要是引导婴幼儿通过洗手、排便等活动学习相关的生活技能，并逐步养成良好的生活习惯。可见，我们不仅要保证婴幼儿在这些环节科学、有序地开展，还要在这个过程中引导他们养成良好的生活习惯，而一个精心设计的环境有利于良好习惯的养成。

二、盥洗区

（一）盥洗池

可以根据盥洗室的面积大小及婴幼儿的人数，放置至少 3 个盥洗池。根据《托儿所、幼儿园建筑设计规范》（JGJ39-2016）（2019 年版）的规定，盥洗池的高度宜为 0.50—0.55m，宽度宜为 0.40—0.45m。婴幼儿身高发育的速度不同，导致他们身高有差异，因此可以在这个区设置结实的踏板，如低矮的小凳子，这样能够更好地帮助婴幼儿独立洗手。也可以设计高低不同的盥洗池。

盥洗池的设计可以更有童趣一些，让婴幼儿享受盥洗的过程，并能够在盥洗的过程中进行学习，比如，可以在盥洗池的底部铺上鹅卵石，激发孩子们的洗手兴趣。

可以考虑在婴幼儿容易看见的地方张贴洗手步骤图，并且保育师在引导婴幼儿洗手时可以有意地和他们一起按照步骤洗手。另外，也可以根据洗手步骤图编一些儿歌，保育师在洗手的时候带领他们一起唱，让婴幼儿感受到洗手是一件有趣的事，以此来逐步培养他们爱洗手的好习惯。注意不要催促他们，要为他们营造宽松的氛围。

（二）合适的水温、水流、水龙头

水温的控制很重要，最好安装可调节水温的装置，比如，可以混合冷暖水的水龙头。如果没有这种装置，则需要保育师提前调好水温。有些托育机构可能直接使用冷水，这样虽然不容易发生烫伤事故，但是可能会让幼儿觉得不舒服。[①]

有些水龙头一打开，水流就会非常大，会把婴幼儿的衣服溅湿，如果水溅到地上，则会有安全隐患。保育师可以在调节水温的同时，帮婴幼儿调节好水流。为了让婴幼儿学习独立洗手，减少对成人的依赖，有些托育机构会安装一些控制水流的装置。

关于水龙头，可以选择不同打开方式的水龙头，比如，左右拧开的、向上抬起的等，以此激发婴幼儿探索不同事物的兴趣（见图4-12）。

图 4-12 可以防止喷溅的水龙头设置

📡 备考指南

2019 年初级育婴师从业资格考试真题

2 周岁以内最好不看电视，用（　　）给婴幼儿洗脸，以防眼病。

A. 流动水　　　　　B. 盆接水　　　　　C. 脏水　　　　　D. 药水

【参考答案】A

（三）其他物品的选择

1. 肥皂或洗手液

根据 2012 年印发的《托儿所幼儿园卫生保健工作规范》中的相关规定，为培养婴幼儿良好的卫生习惯，饭前便后应当用肥皂、流动水洗手。有些托育机构也会选择用洗手液洗手，无论是肥皂还是洗手液，都要放置在婴幼儿可以拿到的地方，且数量应与盥洗池的数量保持一致。

---

① Lally J. R., Stewart J., *Setting Up Environments*, Infant/Toddler Caregiving, A Guide, 1990, p. 48.

图 4-13　临近盥洗室的毛巾架

图 4-14　盥洗室中摆放的绿植

2. 擦手毛巾

托育机构要在这片区域准备毛巾架，并保证婴幼儿的毛巾是每人专用的，且毛巾与毛巾之间有一定的间距。毛巾架摆放的位置不要离盥洗池太远，否则婴幼儿洗完手后的水会滴到地上，有滑倒的危险（见图 4-13）。

3. 小型拖把

1—3 岁的幼儿已经开始出现独立自主的意识了，因此，保育师要注重培养他们独立自主的能力。盥洗区就是一个可以培养幼儿独立自主能力的空间，可以在盥洗区放置小型拖把，幼儿在看到地上有水时，可以使用拖把将水擦干。

4. 一些绿植

可以考虑在盥洗区设置一些绿色植物和可爱的小摆件，让盥洗区看起来更加温馨，婴幼儿置身于优雅的环境中，感到心情舒畅，同时有利于形成爱护环境的意识。注意不要选择有毒、带刺的绿植（见图 4-14）。

5. 消毒

水龙头等婴幼儿易接触的物体表面，要保证每日消毒 1 次，消毒时可使用次氯酸钠类消毒剂消毒 10—30 分钟。

婴幼儿的毛巾应每日清洗并消毒，可以在清洗干净后置阳光直接照射下暴晒干燥，也可以煮沸消毒 15 分钟或蒸汽消毒 10 分钟，注意暴晒时间要不低于 6 小时。

🔍 拓展阅读

洗手七步法

第一步：洗手掌。在流水下把双手润湿，涂抹上肥皂或洗手液，手心相对，手指并拢，相互反复搓手。

第二步：洗手背侧指缝。以掌心对手背沿指缝相互揉搓，洗完一只手背侧指缝后，洗另外一只手背侧指缝。

第三步：洗掌心侧指缝。掌心相对，双手手指在指缝间交叉，沿指缝相互揉搓。

第四步：洗手指指背。手指弯曲，一只手半握拳把手指指背放在另一手掌掌心旋转揉搓，洗完一只手的指背，再洗另外一只手的指背。

第五步：洗大拇指。一只手握住另外一只手的大拇指旋转揉搓，洗完一只手的大拇指洗另外一只手的大拇指。

第六步：洗指尖。把手指指尖捏到一起成锥子型，立在一只手的手掌心旋转揉搓，洗完一只手的指尖再洗另外一只手的指尖。

第七步：洗手腕、手臂。一只手去揉搓另外一只手的手腕、手臂，洗完再洗另外一只手的手腕、手臂。

三、换尿布台

换尿布台的创设应不仅便于照护者为婴幼儿换尿布，而且有利于照护者与婴幼儿进行社会性游戏和交流（见图 4-15）。[1]

---

① 　［美］菲利斯·M. 科里克：《托幼机构管理》，韦小冰等译，116 页，北京，北京师范大学出版社，2007。

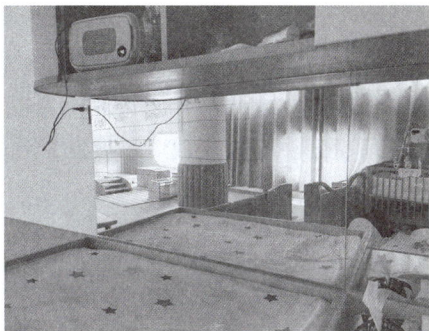

图 4-15　换尿布台

（一）所需要的物品

需要一张适合成人高度的桌子，注意桌子上要有阻挡物以防止婴幼儿意外摔落；

需要一个可以放置润肤霜、润肤油、纸桌布、纸巾、湿巾等换尿布所需物品的柜子；

需要带有脚踩式或感应式水龙头的盥洗池，当婴幼儿需要清洁时，可以在盥洗池里进行清洗；

在靠近桌子下方的位置，放置专门用来放废弃尿布的脚踩式或感应式的垃圾桶；

需要一面可以让婴幼儿看见自己和照护者的镜子；

在区域周围的天花板上悬挂一些可动的物体，这样在换尿布的时候，婴幼儿能够更好地配合，不至于无聊，这些物体也是照护者和婴幼儿之间进行互动的话题；

有提醒照护者洗手的标志；

配备辅助学步的设备，如一些扶手等，帮助大一点的学步婴幼儿扶走。

（二）对成人的要求

在为婴幼儿换尿布时，照护者要充满爱心和耐心，充分利用这个机会通过目光、语言或行动与婴幼儿进行沟通。有些婴幼儿在换尿布的时候可能不愿配合，可以在这个区域放置少量的玩具或图书来分散婴幼儿的注意力。在每次给婴幼儿换尿布前，要用清水和肥皂洗手。①

四、如厕

如厕对于婴幼儿来说是一项非常重要的活动，它可以帮助婴幼儿养成有规律的生活卫生习惯，建立健康的行为和生活方式，促进婴幼儿自信心的建立和独立个性的发展。②

（一）坐便器

托小班卫生间内应设置适合幼儿使用的卫生器具，根据《托儿所、幼儿园建筑设计规范》（JGJ39—2016）（2019年版）的规定，坐便器的高度在0.25m以下为宜。每班至少设置2个大便器、2个小便器，便器之间应设隔断（见图4-16）。每次用完后都要进

---

① 人力资源和社会保障部、中国就业培训技术指导中心：《育婴员（基础知识、五级、四级、三级）》，69页，北京，海洋出版社，2013。

② 人力资源和社会保障部、中国就业培训技术指导中心：《育婴员（基础知识、五级、四级、三级）》，66页，北京，海洋出版社，2013。

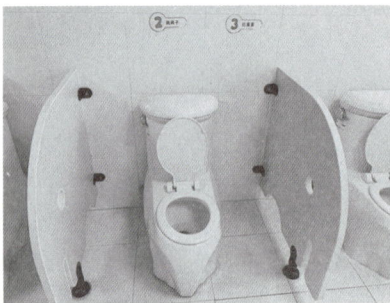

图 4-16　设有隔断的坐便器

行消毒，可以使用次氯酸钠类消毒剂消毒。

（二）墙面布置

如厕区域的装饰应让婴幼儿感到愉悦，可以张贴一些图片，并且选择明亮的颜色来装饰。这个区域对于婴幼儿来说是一个特别的地方，他们知道，在这里他们在做一些重要且有价值的事，而不是在做令人感到羞耻的事情。①

（三）心理环境的营造

婴幼儿有时会有意外的大小便，这个时候照护者不要责怪他们，以免造成婴幼儿紧张、焦躁不安的情绪。在日常活动中，照护者要注意观察他们大小便的信号，及时做出反应。另外，每个婴幼儿的生理成熟度不同，对大小便控制也有明显的差异，因此保育师在培养时要因人而异。②

备考指南

2019 年中级育婴师从业资格考试试题

育婴员要细心观察，掌握婴幼儿大小便的规律：（　　　）。

A. 通常在什么时候大便

B. 小便前是什么表情

C. 用"嘘""嗯"的声音建立反射条件

D. 以上都是

正确答案：D

在换尿布和如厕的区域，可以设置洗澡区，婴幼儿如果弄脏身体，可以在这个区域进行清洁，这个区域如果空间充足，还可以设置婴幼儿探索水的设施。在布置洗澡区域时，应注意对水温的控制，并做好排水和防滑措施。

学习效果检测

1. 培养婴幼儿良好的大小便习惯，有利于帮助婴幼儿建立健康的（　　　）。

A. 行为方式　　　　　　　　B. 生活方式

C. 卫生习惯　　　　　　　　D. 以上都是

2. 学习完本节后，你认为哪些生活活动有利于婴幼儿社会性的发展？在环境创设上应该注意什么？

3. 最近总有家长向你反映，发现回到家后孩子的衣服总是湿湿的，而且嘴巴上有一些没洗掉的脏东西。如果你是这个班级的保育师，你会怎么做？

文本资源

参考答案

---

① 　Lally，J. R.，Stewart，J.，& Greenwald，D.，*Infant/Toddler Caregiving：A Guide to Setting Up Environments*，2nd ed.，Sacramento，CA，California Department of Education，2009.

② 　人力资源和社会保障部、中国就业培训技术指导中心：《育婴员（基础知识、五级、四级、三级）》，69 页，北京，海洋出版社，2013。

4. 请以小组为单位讨论：在为婴幼儿换尿布时，保育师可以和婴幼儿做哪些互动？如何利用周围的环境？讨论后一起来分享。

延伸阅读

更多有关婴幼儿如厕的文章：

黄小莲：《婴幼儿如厕训练的合理性思考》，载《学前教育研究》，2012（6）。

养育者对婴幼儿如厕的引导是否得当，不仅影响着婴幼儿今后的生理健康和排泄习惯，而且会对婴幼儿人格的发展产生重要影响。本文从婴幼儿是否需要如厕训练，什么时候开始如厕训练，以及如何进行如厕训练三个方面展开了论述。

学习模块五
创设游戏活动区

　　婴幼儿的学习与发展主要是通过游戏和活动获得的。除了生活活动外，他们在托育机构的游戏活动区度过的时间是最长的。如何创设一个适合婴幼儿游戏的活动区呢？什么样的环境才能更好地促进婴幼儿各个方面的发展呢？应该从哪些方面来考虑呢？通过这一模块的学习，你将初步了解如何针对婴幼儿发展的不同方面创设适宜的游戏环境。希望通过这一模块的学习，你能够对如何创设游戏活动区有初步的了解，并能够运用到实践中，促进婴幼儿的学习与发展。

学习导图

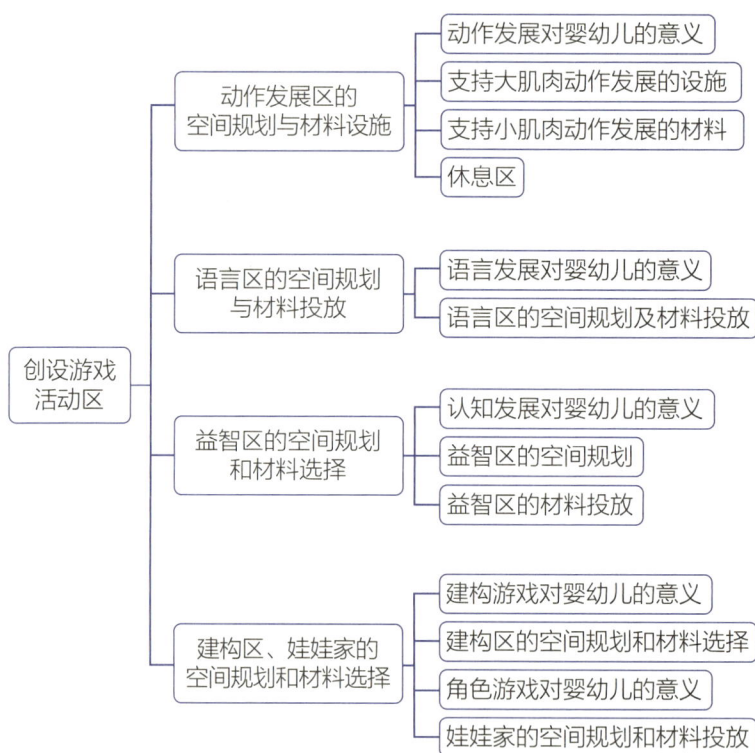

创设游戏活动区

- 动作发展区的空间规划与材料设施
  - 动作发展对婴幼儿的意义
  - 支持大肌肉动作发展的设施
  - 支持小肌肉动作发展的材料
  - 休息区
- 语言区的空间规划与材料投放
  - 语言发展对婴幼儿的意义
  - 语言区的空间规划及材料投放
- 益智区的空间规划和材料选择
  - 认知发展对婴幼儿的意义
  - 益智区的空间规划
  - 益智区的材料投放
- 建构区、娃娃家的空间规划和材料选择
  - 建构游戏对婴幼儿的意义
  - 建构区的空间规划和材料选择
  - 角色游戏对婴幼儿的意义
  - 娃娃家的空间规划和材料投放

学习初体验

　　实践体验活动：请你拜访一家托育机构，看看那里的婴幼儿都在做什么活动，托育机构是如何规划这些活动区域的，尝试在纸上画出它的平面规划图。

　　小提示：与幼儿园相比，托育机构的活动区划分通常没有那么严格。托育机构的室内空间划分通常是这样的：有一片比较大的空间用来进行一些集体游戏和活动，在整个空间的四周会创设供婴幼儿游戏和活动的区域，包括动作发展区、语言区、益智区、娃娃家、建构区等。各个区域一般没有明显的界线和区域规则，婴幼儿根据自己的喜好进行游戏和活动，保育师在婴幼儿中和他们一起游戏，促进师幼互动和同伴互动的自然发生。

学习任务一
动作发展区的空间规划与材料设施

学习任务单

学习目标	学习完本任务，你应该能够： ①了解婴幼儿动作发展包括哪些内容。 ②初步掌握创设支持大小肌肉动作发展的活动区及休息区的要点，并选择适宜的材料。
学习要点	**重点、难点：** ①掌握不同区域规划的要点和材料的准备。 ②能够为不同月龄的婴幼儿创设适宜的动作发展区。
学习建议	**学习前：** 初步了解婴幼儿动作发展的概念及发展顺序。 **学习中：** 搜集适合不同月龄婴幼儿大肌肉和小肌肉动作发展的玩具材料。 **学习后：** 完成本学习任务后的检测题。
学习运用	你觉得在哪些工作场景中可以运用到本任务所学的知识？（学生填写）
学习反思	记录你在学习过程中的相关思考。（学生填写）

📚 **案例导入**

甜甜妈妈很纳闷，甜甜从出生至今没有什么异常表现，虽然是剖宫产宝宝，没有经过产道的挤压，但其各项能力发展一直都是达标的，但医生却说甜甜感统失调。医生告诉她感统失调的原因有很多，除了先天因素外，家长对孩子的训练不正确也会造成感统失调。比如，宝宝出生后没经过爬行阶段就直接学习走路，产生了前庭平衡失调。

一、动作发展对婴幼儿的意义

动作发展是婴幼儿身心发展的重要组成部分。他们在没有完全掌握语言之前，需要通过动作来认识周围的人和事物。动作是人类的一种基本能力，也是个体进行实践活动不可缺少的工具。

💡 **想一想**

婴幼儿在没有学会爬之前就练习走，对他们的身体发育好吗？为什么？

具体而言，动作对婴幼儿发展的作用主要有：第一，动作发展是心理发展的源泉或前提，没有动作，心理就无从发展。第二，婴幼儿的动作是心理发展的外部表现，动作的发展反映着心理的发展。通过动作发展的研究，可以了解婴幼儿早期心理发展的内容和水平。第三，婴幼儿动作的发展促进空间认知的发展。运动经验在空间认知发展中具有重要影响，比如，当婴幼儿学会抬头、翻身或会站立、走路后，他的活动空间变得越来越大，这也增加了他与外界的联系，为他提供了更多的学习机会。第四，婴幼儿动作的发展促进了其自我意识和社会交往能力的发展。[①] 在运用大小肌肉动作摆弄玩具和生活材料的过程中，他们逐渐将自己和其他事物区分开，进而建立起最初的自我意识。随着动作能力的发展，婴幼儿与周围人的交往从依赖性、被动性逐渐向主动性转化。

🔍 **拓展阅读**

婴幼儿的动作发展具有以下特点和规律[②]

第一，动作发展遵循首尾规律，即由头部到尾端，由上肢到下肢的顺序；小婴儿的动作发展是从头部开始的，因此在空间规划时，要注意不同宝宝的发展阶段。当他们还处于头部动作发展时，尽量创设适宜他们头部动作发展的环境，比如，在他们周围放一些移动的物品，让他们的头部能够随着物品的移动而转动。

第二，大小规律，即先发展大肌肉粗大动作，再发展小肌肉精细动作。在环境创设时，要考虑到为婴幼儿动作发展提供的材料既要有促进其大肌肉发展的材料，又要有支持其小肌肉动作发展的材料。在有关幼儿园环境创设的教材和一些幼儿园的班级中，我们通常会看到促进大肌肉动作发展的材料一般放在室外，主要在户外活动时使用。但是托育机构有所不同，婴幼儿先发展的是大肌肉动作，因此在室内的游戏活动中，托育机构也要为他们提供练习的机会，比如，提供一些材料让他们学扶站，学走路等。因此在室内活动环境创设时，也要考虑设置大肌肉动作发展的材料，而不仅仅是将它们放在户外。

除此之外，婴幼儿的动作发展还遵循近远规律（即由身体中心向四肢远端发展动作技能）、无有规律（从最初的无意识的活动向有意识的探索发展）、从泛化到集中（婴幼儿由出生后的全身性的动作向集中的专门化的动作发展）的规律。举个例子，将一块毛巾放在2个月的婴儿脸上，他会全身乱动，但是8个月的婴儿会伸手拉下毛巾，其动作开始变得精确、专门化了，此时他们开始有意识地去做这些动作以把毛巾拿掉。因此，在为不同月龄段的婴幼儿准备动作发展环境时，要考虑其动作发展的阶段，且要考虑其大小肌肉动作发展的需要。

---

① 刘玉娟等：《学前儿童发展心理学》，91页，北京，北京出版社，2014。

② 文颐：《婴儿心理与教育（0—3岁）》，102页，北京，北京师范大学出版社，2015。

二、支持大肌肉动作发展的设施

对于 0—1 岁的婴儿来说，他们需要更多的动作练习，因此，可以在室内为他们设置一些用来促进大肌肉动作发展的设施；对于 2—3 岁托大班的幼儿来说，这个区域不是必需的，他们可以利用户外设施及材料进行大肌肉动作方面的活动。

（一）婴幼儿大肌肉动作发展情况

婴幼儿大肌肉动作，也即粗大动作发展的顺序是不变的，都是按照抬头、翻身、坐、爬行、站立、行走的顺序进行的。虽然大部分婴幼儿动作发展都遵循这个规律，但部分婴幼儿因为营养提供、训练不同等，在发展到某个动作的时间上会有差异，有的婴幼儿粗大动作掌握较快，有的婴幼儿则掌握得慢。但是习得动作技能的顺序是相似的，都是先获得低级技能，然后获得高一级技能。比如，虽然坐是一项基本技能，但婴幼儿必须先学会控制自己的头部，才能顺利地坐起来。[1]并且这些粗大动作的发展不是孤立进行的，而是交叉进行的。比如，婴幼儿在学习站立的时候，也在练习爬、坐等动作，而爬、坐等动作又促进了婴幼儿的站、走等动作的发展。[2]

婴幼儿的大肌肉动作有抬头、翻身、坐、匍匐爬行、站立、行走、跳等，其发展情况如表 5-1 所示。

表 5-1　不同月龄婴幼儿大肌肉动作发展情况[3]

动作	发展情况
抬头	（1）新生儿：俯卧时能够勉强抬头，且时间很短。 （2）2 个月：俯卧抬头 30°—45°。 （3）3 个月：俯卧抬头 45°—90°。 （4）4 个月：俯卧抬头 90°，扶坐时头很稳，并能自由转动。
翻身	（1）4 个月：能从仰卧翻到俯卧。 （2）5 个月：能从俯卧翻到仰卧。
坐	（1）3 个月：扶坐时头略前倾。 （2）4 个月：扶坐时头稳定，靠着坐时腰呈弧形。 （3）5 个月：扶坐时头不会向后。 （4）6 个月：扶坐时会主动抬头，扶站时能主动跳跃。 （5）7 个月：可独坐 1 分钟左右。 （6）8 个月：独坐自如，且能左右转动。 （7）10 个月：能够扶着栏杆独自坐下。
匍匐、爬行	（1）2 个月：俯卧位时能交替踢腿，是匍匐动作的开始。 （2）3 个月：支撑抬头。 （3）7 个月：双手支撑胸腹，原地转动。 （4）9 个月：手膝并用向前爬。 （5）12 个月：能爬台阶。
立、走、跳	（1）2 个月：扶立片刻时，髋关节、膝关节屈曲。 （2）5 个月：扶立时，双下肢能负重，并能上下跳动。

---

[1]　刘玉娟等：《学前儿童发展心理学》，91 页，北京，北京出版社，2014。

[2]　何慧华：《0—3 岁婴幼儿保育与教育》，37 页，上海，上海交通大学出版社，2013。

[3]　何慧华：《0—3 岁婴幼儿保育与教育》，37 页，上海，上海交通大学出版社，2013。

续表

动作	发展情况
立、走、跳	（3）8个月：扶立时，背、腰、臀部能伸直，扶着栏杆能站立。 （4）9个月：会拉着物体站起。 （5）10个月：会扶着栏杆横走。 （6）11个月：能被搀着走，并能独自站立片刻。 （7）12个月：能从一个物体走几步到达另一个物体。 （8）15个月：独走稳。 （9）18个月：能拉着玩具倒退走，并能在搀扶下走楼梯。 （10）24个月：能跑、双足并跳，能独自上下楼梯，会扔球和踢球。 （11）36个月：能两脚交替走下楼梯，能骑三轮车。

📡备考指南

2019年高级育婴师从业资格考试真题

（　　）是婴幼儿大肌肉动作发育的顺序。

A. 抬头、坐、立、行、跑、跳等　　　　　B. 抬头、立、坐、行、跳、跑等

C. 抬头、行、立、坐、跳、跑等　　　　　D. 抬头、坐、立、跑、行、跳等

【参考答案】A

（二）大肌肉动作活动区的创设

✏学习笔记

运动技能的发展是婴幼儿的主要任务之一，他们会积极尝试新动作或者不断练习已经掌握的技能。因此，大肌肉动作活动区是托育机构中常见的区域。在创设大肌肉动作活动区时，要在安全与挑战之间找到平衡点。一方面要保证室内所有婴幼儿的安全，让能爬的婴幼儿远离可能给他们带来伤害的设施；另一方面也要最大限度地允许其他婴幼儿探索安全的、有一定挑战性的设施。[1]另外，还需注意的是，在进行大肌肉动作的活动时，那些还没学会走路的婴幼儿需要与学步儿分开活动，以获得最大的安全和自由。[2]

（三）婴幼儿大肌肉动作发展所需设施

在创设大肌肉动作活动区前，先要了解不同月龄的婴幼儿大肌肉动作的发展阶段，然后才能根据不同月龄婴幼儿的需要选择适宜的设施。对于婴幼儿来说，他们可能还处于练习翻身、爬、坐起等基本的粗大动作阶段，因此要为他们提供垫子这一类的设施；那些正在学习走路的婴幼儿则需要更多练习走路的机会，托育机构就需要为他们提供可以扶着站起来并且可以安全移动的环境；蹒跚学步的婴幼儿需要可以自由行走、跑、攀爬、跳跃、翻滚的设施设备。[3]因此，可以在这个区域提供以下材料和设施：

---

[1]　［美］菲利斯·M. 科里克：《托幼机构管理》，韦小冰等译，119页，北京，北京师范大学出版社，2007。

[2]　Lally, J. R. , Stewart, J. , & Greenwald, D. , *Infant/Toddler Caregiving：A Guide to Setting Up Environments*, 2nd ed. ,Sacramento, CA,California Department of Education, 2009.

[3]　Lally, J. R. , Stewart, J. , & Greenwald, D. , *Infant/Toddler Caregiving：A Guide to Setting Up Environments*, 2nd ed. ,Sacramento, CA,California Department of Education, 2009.

①大的塑胶垫子，可以练习爬、翻滚等动作。

②低平衡木，可以让学步儿练习平衡能力。

③坡度较缓的滑梯或楼梯等攀爬设施。

④隧道，婴幼儿可以做一些爬的练习，稍大的婴幼儿可以练习不同的爬和钻的动作，有的婴幼儿非常喜欢一些相对封闭的空间，如低矮的山洞，因此，在创设这些钻爬练习的环境时可以考虑这些材料。

⑤一些低矮的用于攀登的栏杆和走路的扶手。在设置扶手时，可以为婴幼儿创设一条自己扶走的路线，让他们更加自由地探索。柜子或沙发也可以作为扶手来使用，如果这条路线靠着墙壁或柜子，可以考虑在这些平面上安装镜子，让婴幼儿能够看到自己的动作（见图5-1）。需要注意的是，路线上这些扶手的表面应确保是光滑柔软的。①

在使用这些设施时，可以考虑把几个设施结合起来，让这个环境对于婴幼儿来说更加充满好奇和挑战，但是必须确保所设环境有助于促进婴幼儿能力的发展，不会出现危险。比如，婴幼儿在爬上一个低矮的梯子后可以通向一个平台，平台上放一些有趣的玩具或物品（见图5-2、图5-3）。

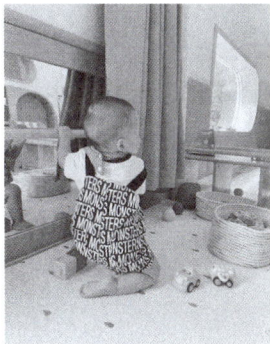

视频资源

大肌肉动作的
设施与材料

图 5-1　安装了镜子的扶手　　　　图 5-2　锻炼幼儿大肌肉动作的设施　　　　图 5-3　乳儿班体能锻炼设施

三、支持小肌肉动作发展的材料

（一）婴幼儿小肌肉动作发展情况

婴幼儿小肌肉动作或者说精细动作能力指个体主要凭借手以及手指等部位的小肌肉或小肌肉群的运动，在感知觉、注意等多方面心理活动的配合下完成特定任务的能力，它不仅是个体早期动作发展的重要方面，也是个体其他方面发展的重要基础。②同样，在选择促进婴幼儿小肌肉动作发展的材料前，应该先了解不同月龄段婴幼儿小肌肉动作发展的情况，这样才能选择适宜的材料。0—3岁婴幼儿精细动作发展顺序如表5-2所示。

表 5-2　不同月龄婴幼儿精细动作发展情况③

月龄	发展情况
1个月	握紧拳头，放拳头入口；握住成人的手指。
2个月	常张开手；玩弄手；玩耍时用力挥舞手。

---

① Lally，J. R.，Stewart，J.，& Greenwald，D.，*Infant/Toddler Caregiving：A Guide to Setting Up Environments*，2nd ed.，Sacramento，CA，California Department of Education，2009.

② 董奇等：《论动作在个体早期心理发展中的作用》，载《北京师范大学学报（社会科学版）》，1997(4)。

③ 何慧华：《0—3岁婴幼儿保育与教育》，37页，上海，上海交通大学出版社，2013。

续表

月龄	发展情况
4 个月	能抓住胸前玩具；拿东西往嘴里放；会伸出双臂尝试够到悬挂于胸前的玩具。
6 个月	玩具在手中传递（倒手）；用手抓（手掌抓，拇指内收）。
8 个月	能够使用传递、敲、摇等多种方式玩玩具，抓握方式为桡掌或桡指抓握，不再是用两手取物，会用一只手拿；积木可在手中传递。
10 个月	用拇指与食指指尖捏物，抓、撕纸，会拍手、招手等动作。
12 个月	能够灵巧地捏起小物；能精确地放下物体。
15 个月	能叠 2—3 块积木；能大把握笔在纸上乱涂。
18 个月	能叠 4—5 块积木；能几页几页地翻书。
24 个月	能叠 6—7 块积木；能一页一页地翻书；正确握笔，能模仿画垂直线条。
30 个月	能叠 8—9 块积木；能临摹圆形和十字；会穿珠子。
36 个月	能叠 9—10 块积木；能用筷子夹小物体；能临摹方形和三角形。

（二）小肌肉动作发展区域的创设和材料准备

在创设这一区域的时候，可以用一些低矮的桌子或柜子分隔出来，营造一个安静的环境，这样婴幼儿可以更专注于小肌肉动作的活动。在这一区域铺上地毯，如果婴幼儿喜欢在地上活动，可以将活动材料放在地毯上玩。不同的材料最好放在不同的托盘里，便于婴幼儿拿取和收放。有的托育机构空间有限，不会单独设置一个小肌肉动作发展区，由于一些益智玩具也能够促进小肌肉动作的发展，所以专门用来促进精细动作发展的材料会与益智区玩具放在一起。因此，在创设小肌肉动作发展区域环境时，可以根据婴幼儿的需要及空间大小来进行规划。

用来促进婴幼儿小肌肉动作发展的材料，可以是一些针对手指和手部肌肉训练的玩具，也可以从日常生活中搜集。以下是这个区域可以准备的材料：

①柜子，要选取便于婴幼儿取放材料的柜子。

②干净的塑料盒子或大箱子，便于婴幼儿在活动完之后收拾活动材料。

③可以搜集的材料，比如，体积大的圆珠、积木、简单的拼图、打击玩具、可锁的塑料盒、卷发夹、衣夹子、大的塑料碗或合金碗、木勺子等[1]。

④可以用来装东西和倒东西的塑料面包篮，把物品装进去再倒出来是婴幼儿非常喜欢的一个活动。

⑤地毯，尽量选择短绒地毯，既能防止找不到一些小玩具，又便于清洁和消毒。

除以上材料外，还可以考虑设置涂鸦板或者小黑板，并提供安全无毒的笔以供婴幼儿涂涂画画，进行手部肌肉的练习。[2]

还可以在该区域附近的墙上安装管道追踪玩具，如图 5-4 所示，这类

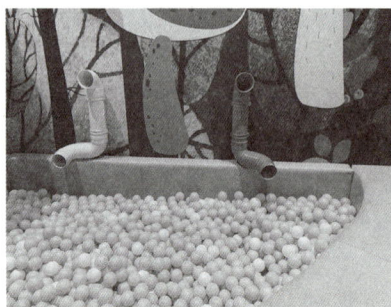

图 5-4　管道追踪玩具

① ［美］菲利斯·M. 科里克：《托幼机构管理》，韦小冰等译，118 页，北京，北京师范大学出版社，2007。

② Lally，J. R.，Stewart，J.，& Greenwald，D.，*Infant/Toddler Caregiving：A Guide to Setting Up Environments*，2nd ed.，Sacramento，CA，California Department of Education，2009.

玩具既可以锻炼婴幼儿的手眼协调能力，又可以两个孩子一起玩，一个孩子在一边放玩具，另一个孩子在另一边收集玩具，这是他们进行同伴交往的好机会。①

📡 备考指南

2021年高级育婴师从业资格考试真题

婴儿精细动作技能发展越好，标志着（　　　）越好。

A. 婴儿手眼协调能力逐渐提高

B. 婴儿大脑神经、骨骼肌肉和感觉组合成熟度

C. 精细动作游戏设计和选取必须与婴儿两手动作发展阶段相匹配

D. 婴儿认知能力的发展与两手动作的发展一致

【参考答案】B

（三）成人的看护

在选择材料时尽量选择足够大的玩具，并且一定要有成人的看护，保育师应时刻关注婴幼儿的动态。一些婴幼儿喜欢用嘴巴来探索材料，可能发生吞咽材料或将材料塞进鼻孔等危险行为。除了注意婴幼儿的安全外，保育师与婴幼儿的互动，以及鼓励婴幼儿之间的互动也是非常重要的。

🔍 拓展阅读

促进婴幼儿同伴交往技能提升的策略②：

①具体指导婴幼儿交往的方式，培养其同伴交往的技巧。在托育机构中，可能常常发生孩子被打或者被咬的情况。这种情况其实只是婴幼儿间的"交往"，因为他们不知道用什么样的方式和同伴交往。因此，保育师可以通过示范如何和同伴打招呼、如何与同伴分享一个玩具等行为来具体指导婴幼儿。

②鼓励婴幼儿的同伴交往。给婴幼儿留出时间和空间，让他们能够充分地和同伴交往，他们能够在交往过程中了解他人的想法和情感。因此保育师应安排好婴幼儿的活动时间，不要催促他们。

③刺激正确行为，强化良好的交往行为。当婴幼儿出现良好的交往行为时，保育师应适当地给予强化，通过抚摸、拥抱等方式对他们进行奖励。而当他们出现错误的交往方式时，要用适当的方式让他们知道这样的行为是不正确的。

四、休息区

在前面的学习中，我们提到过婴幼儿很容易感到疲劳，需要短暂的休息才能继续进行其他活动，因此，在创设活动区时要考虑在区域内或区域附近设置婴幼儿休息的地方。

在活动区选择一个较为安静的角落来创设休息区，比如，可以选择靠窗的位置，既可以铺上一块地毯，又可以放有扶手的椅子、摇椅或沙发等，这样就能创设出一个较为理想的休息场所了。柔软的物品具有一定的吸收噪声的功能，因此可以在地毯上或沙发上摆几个枕头、毯子或柔软的玩具。较中性柔和的颜色容易让人安静下来，避免选择亮丽的

图 5-5　休息区

---

① Lally，J. R.，Stewart，J.，& Greenwald，D.，*Infant/Toddler Caregiving：A Guide to Setting Up Environments*，2nd ed.，Sacramento，CA，California Department of Education，2009.

② 文颐：《婴儿心理与教育（0—3岁）》，269页，北京，北京师范大学出版社，2015.

颜色。还需要注意的是，在选择这些物品时要确保它们的材料是安全的、容易清洗的、可移动的，比如，在选择靠垫时可以选择一些纯棉制品等。如图 5-5 所示，某托育机构在游戏区域的角落放置树屋，供孩子休息使用。

学习效果检测

文本资源

参考答案

1. 什么是精细动作？什么是粗大动作？
2. 动作发展对于婴幼儿来说有什么意义？
3. 以下不属于婴幼儿动作发展规律的是（ ）。

A. 大小规律　　　　　　　　B. 首尾规律

C. 远近规律　　　　　　　　D. 无有规律

4. 请分别列出至少 3 种为婴幼儿小肌肉和大肌肉动作发展准备的材料或设施。

延伸阅读

更多关于婴幼儿动作发展与玩具选择的文献：

1. 陈济芸：《玩具与教育》，北京，海豚出版社，2012。

本书详细介绍了 0—3 岁婴幼儿的发展情况，以及如何根据他们的不同发展情况选取适宜的玩具，并且将不同年龄段的玩具细分为不同类别。

2. ［德］安吉丽卡·冯·德·贝克：《如何创建日托保教空间——0—3 岁托育机构环境创设指南》，张世胜等译，北京，北京师范大学出版社，2021。

本书的第三章从个体"运动觉"发展的角度介绍了运动区创设的建议，尤其强调托育机构要利用一些台阶等设置不同的高度，为婴幼儿提供一些挑战，另外，还建议增加一些晃动、摇摆的装置，发展婴幼儿的平衡觉。

3.《18—36 个月婴幼儿精细动作操作材料》，载《早期教育（教师版）》，2008（11）。

本文通过日常观察，提炼出该月龄段幼儿常见的手部动作，并根据这些动作开发、制作出了适宜幼儿发展的九大类别的操作。

学习任务二
语言区的空间规划与材料投放

学习任务单

学习目标	学习完本任务，你应该能够： ①了解婴幼儿语言的发展阶段。 ②初步掌握如何创设语言区及如何选择材料。
学习要点	重点、难点： ①掌握语言区域规划的要点和材料的准备。 ②知道如何为婴幼儿提供倾听和表达的机会。
学习建议	学习前： 　初步了解婴幼儿语言的发展阶段。 学习中： 　了解婴幼儿读图画书的策略。 学习后： 　完成本学习任务后的检测题。
学习运用	你觉得在哪些工作场景中可以运用到本任务所学的知识？（学生填写）
学习反思	记录你在学习过程中的相关思考。（学生填写）

案例导入

　　麦子老师和1岁多的洋洋坐在矮桌前，其他宝宝在享用茶点。麦子老师问洋洋："你想喝点牛奶吗？"洋洋回答说："嗯嗯嗯，哦，牛奶，牛奶。"然后他伸出手去拿杯子。麦子老师向洋洋的杯子里倒入少量的牛奶，洋洋把杯子移到自己的嘴边，尝了一小口，然后对着杯子说："咪咪，呼呼，呼。"他非常开心地吸吮着牛奶，不小心把牛奶溅到了自己的脸上。麦子老师起身去拿毛巾。洋洋把杯子放下，杯子倒了，牛奶洒在了桌子上，他指着桌子上的牛奶说："牛奶，牛奶。"麦子老师一边把抹布铺在牛奶上，另一只手帮洋洋擦脸。当一切处理完后，麦子老师指着牛奶瓶问洋洋："你还想喝牛奶吗？"洋洋果断地回答："呃呃，牛奶！"同时用力地摇摇头，并将杯子推给麦子老师。

一、语言发展对婴幼儿的意义

　　0—3岁是人一生中语言发展最迅速、最关键的时期。语言在婴幼儿认知、情感和社会性的发展过程中起着重要作用，对其未来的发展有着深远而重大的意义。[①]

　　婴幼儿通过语言了解周围的世界，表达自己的感受，通过语言从直觉形象思维发展到抽象概括思维，认识那些不能通过直接感知来获得的事物；语言还是他们交往的工具，一定的语言理解和表达能力能够帮助婴幼儿与成人及同伴进行互动，掌握社会交往的规则，增强他们的社会适应能力；另外，婴幼儿情绪变化大，在语言能力不够完善时，他们更多地依靠身体动作表达自己的情绪情感，但是一旦习得了语言，他们就能够及时倾诉内心想法，宣泄消极情绪，从而培养积极健康的情感。[②]

拓展阅读

婴幼儿听说能力的发展规律[③]

　　0—1岁是语言的准备阶段，又称为前语言阶段。婴幼儿需要大量地倾听各种不同性质的声音，促进大脑神经的发育，而大脑此时会对听到的语音音素进行分析和储存。婴幼儿语言发展是以生理的成熟度为基础的，要加强婴幼儿肺、咽、唇、舌四个发音器官的锻炼，如伸舌、动唇等动作。当婴幼儿的发音器官成熟，说出第一批具有概括性意义的词的时候，这标志着婴幼儿开始进入正式学说话的阶段。

　　1—3岁是婴幼儿语言的发生阶段，也称为语言发展的突发期。大多数婴幼儿在1岁左右能说出单字，如爸、妈、走、要等，有的还能说再见、谢谢、回家、吃饭等。1岁半左右的幼儿可以说出2—4个字的句子，如不要、我的娃娃等，能够把眼前的事情用语言表达出来。

　　婴幼儿语言的发展有阶段性，是一个连续发展、从量变到质变的过程。一般发展顺序是从单个字、多词句到完整的句子，从名词到动词、形容词、指示代词、人称代词，婴幼儿语言发展需要经历如下四个阶段：

---

①　文颐：《婴儿心理与教育（0—3岁）》，125页，北京，北京师范大学出版社，2015。

②　文颐：《婴儿心理与教育（0—3岁）》，126页，北京，北京师范大学出版社，2015。

③　人力资源和社会保障部、中国就业培训技术指导中心：《育婴员（基础知识、五级、四级、三级）》，118页，北京，海洋出版社，2013。

（1）单字句阶段。婴幼儿在1岁左右用1个字的声音表达许多意思，此时为单字句阶段。如说"水"，可能是要喝水，也可能是看到桌子上有水，还可能是水龙头在滴水。要了解单字的意思，需要根据婴幼儿的音调、情境进行判断。

（2）电报句阶段。幼儿在2岁左右会说2—4个字组成的句子，把名词和动词组合在一起被称为电报句阶段。如宝宝上街，妈妈抱抱等。

（3）简单句阶段。幼儿在2岁半左右开始使用叙述句、感叹句、疑问句来表达思想，能够说出四个词及以上的简单句子。

（4）复合句阶段。幼儿在3岁左右会说2个或2个以上的简单句子。幼儿的语言发展越好，每句话的含词量越多，有的还能恰当地回答"为什么"的问句。

二、语言区的空间规划及材料投放

婴幼儿语言发展的环境需要成人通过图书、图片中的语言和生活体验来进行创设，环境中需要有便于互动的舒适空间。同时，还需要给婴幼儿提供单独阅读的空间，这个独立空间可以是低矮的小棚子、婴幼儿的帐篷等。对于大一点的婴幼儿来说，这个空间应该相对安静并且足够大，利于同伴之间的交往。[①]

在创设语言区的环境时，还应注意以下问题。[②]

（一）创设温馨、明亮的语言环境

温馨的环境、良好的阅读氛围和舒适的阅读位置，能够使婴幼儿舒服地在语言区进行自主阅读。铺上地毯，放置舒适的小沙发或者小椅子等，都可以达到上述效果（见图5-6）。在活动室里，要选择相对明亮的位置创设阅读区，注意婴幼儿阅读时的光线要适合，注意保护婴幼儿的视力，养成良好的阅读习惯。

图 5-6 语言区环境创设

📡 **备考指南**

2021年高级育婴师从业资格考试真题

婴幼儿阅读光线的规定是（　　）。

A. 在阳光底下　　　　　　　　　B. 光线不要太强烈

C. 在背阴的地方　　　　　　　　D. 有强烈灯光

【参考答案】B

（二）语言材料主要以绘本为主

保育师应根据婴幼儿的年龄特点和兴趣决定所投放绘本的大小和内容，并选择适宜的图书柜或书架。书架尽量选择开放式的，既便于图书独立摆放，不重叠，又方便婴幼儿独自取放图书。另外，还要保证书架上的图书数量充足，并定期更换。保持区域的整洁。

---

① ［美］朱莉·布拉德：《0—8岁儿童学习环境创设》，陈妃燕等译，139页，南京，南京师范大学出版社，2020。

② 崔哲：《幼儿园区域环境创设与活动开展》，42页，北京，中国轻工业出版社，2017。

学习笔记

（三）相关语言材料的投放

语言区的环境创设虽然以绘本为主，但还应注重其他材料的投放。语言区其他材料的投放要能吸引婴幼儿，符合婴幼儿的发展要求，还要新颖，例如，有声读物（如适合婴幼儿听读的磁带、CD等），支持材料（如播放机等设备、手偶、指偶等）。除此之外，还可以放置一些成人与婴幼儿共同制作的个性化图书（个性化图书的内容可以包括婴幼儿的日常活动，他们的家庭、宠物等熟悉的图片，并可以让家长配合写相关的文字，便于保育师将图片的内容读给婴幼儿听）。这样的个性化设计能够很好地帮助婴幼儿缓解分离焦虑带来的消极情绪。①

（四）提供倾听和表达的机会

提供倾听的机会对婴幼儿语言的发展是十分必要的，成人可以为婴幼儿阅读或唱歌，也可以使用音像设备播放一些适合婴幼儿的有声读物。需要注意的是，婴幼儿语言的学习不局限在语言区的活动，一日生活中随时随地都可以进行，保育师可以用语言表述婴幼儿正在做什么，并描述自己在做什么，也可以利用喂食和换尿片等环节与他们交流等。

成人在为婴幼儿读书的时候，应积极与婴幼儿互动。婴幼儿最初掌握的语言主要是通过模仿获得的，因此，要为他们提供良好的语言示范及丰富的语言交流的机会。当婴幼儿发出口头、面部和姿态方面的信号时，保育师不要忽略这些信号，而应通过积极回应来促使他们更加积极地表达，以此形成良性循环。②另外，婴幼儿喜欢在纸上涂涂画画，这也是他们自我表达的一种方式，因此可以在这个区域放置一些纸张和画画工具。

连线职场

试想一下，在你的托育机构里，有一位同事在和孩子互动时说普通话，但是在班里和其他教师交流的时候用方言。你认为这样的语言环境如何，适合婴幼儿语言的学习与发展吗？

（五）图书的更换与消毒

应定期更换图书，一方面可以引起婴幼儿的兴趣，另一方面也可以对破损的书籍及时进行更换和修补。根据《托儿所幼儿园卫生保健工作规范》的规定，对图书的消毒，应每两周至少通风晾晒一次，对于可以擦拭和清洗的图书，应该用浓度为有效氯 100—250mg/L 的消毒液进行表面擦拭或浸泡消毒 10—30 分钟。对于不能湿式擦拭和冲洗的图书，应该进行暴晒，暴晒时不得相互叠夹，暴晒时间不低于 6 小时。

学习效果检测

1. 1—3 岁婴幼儿的语言发展分为哪几个阶段？

2. 什么是个性化图书？你能想到哪些内容可以用来制作个性化图书？

3. 在为婴幼儿读图画书的过程中，保育师应注意什么？

文本资源

参考答案

---

① ［美］朱莉·布拉德：《0—8岁儿童学习环境创设》，陈妃燕等译，140 页，南京，南京师范大学出版社，2020。

② 文颐：《婴儿心理与教育（0—3岁）》，156 页，北京，北京师范大学出版社，2015。

4. 去周围的书店逛一逛，看看有哪些图画书是适合婴幼儿的，它们有什么样的特点。

延伸阅读

更多关于婴幼儿早期阅读的文章：

赵芳妮：《0—3岁婴幼儿家庭阅读的指导策略》，载《广西教育学院学报》，2021（1）。

0—3岁是培养婴幼儿早期阅读兴趣的开端时期，有效的家庭阅读指导有利于养成他们浓厚的阅读兴趣。在家庭阅读活动中，家长与保育师应该了解婴幼儿的身心发展特点，树立正确的早期阅读观念，提供丰富适宜的阅读材料，营造轻松舒适的阅读氛围，促进婴幼儿语言的发展和阅读兴趣的养成。

学习任务三
益智区的空间规划和材料选择

学习任务单

学习目标	学习完本任务，你应该能够： ①知道如何规划一个益智区。 ②知道在益智区应投放哪些材料。
学习要点	重点、难点： ①掌握益智区的规划要点。 ②知道如何为益智区选择适宜的材料。
学习建议	学习前： 初步了解益智区的功能。 学习中： 观察一所托育机构的益智区，并记录都有哪些材料，试着为这些材料分类。 学习后： 完成本学习任务后的检测题。
学习运用	你觉得在哪些工作场景中可以运用到本任务所学的知识?（学生填写）
学习反思	记录你在学习过程中的相关思考。（学生填写）

案例导入

　　一位托育机构的保育师在分享益智区的活动时说：小月龄婴幼儿倾向于可以滑动、能发出声响的玩具，愿意拿着玩具相互碰撞使其发出声音；大月龄婴幼儿喜欢的益智玩具相对固定，例如，喜欢拼图的幼儿每天都会去玩拼图。因此，益智区和娃娃家两个区域通常会设置在一起，并由保育师进入益智区引导幼儿，提高幼儿的兴趣，同时可以吸引娃娃家的幼儿一起参与。

一、认知发展对婴幼儿的意义

　　认知是人的全部认识过程及其品质的总称，它包括感知觉、记忆、思维、想象和言语等方面。认知发展是指人一生中认识活动的变化，对婴幼儿来说，是指感知觉、记忆、思维的形成及其随年龄增长而发生的规律性变化。[1]

　　对于婴幼儿来说，感知觉在认知活动中占据着重要地位。它是人最早出现的认识过程，是其他认识活动的基础，记忆、思维等认知活动也依赖于对具体材料的感知。[2]感知觉是婴幼儿认识世界和自己的基本手段，婴幼儿需要借助形状、颜色、声音来认识世界，需要通过视觉、听觉、触觉、嗅觉、味觉等来认识事物，通过与物体的相互作用认识自己。可以说，没有感知觉提供信息，就谈不上记忆、思维和想象等认知活动的发展。[3]婴幼儿的早期教育离不开各种感官的参与，因此，在环境创设的过程中，要充分考虑为婴幼儿提供适宜的感觉刺激，而不是对其造成伤害。

🔍 拓展阅读

皮肤饥饿[4]

　　心理学家米拉尔德提出"皮肤饥饿"理论，认为婴儿天生有一种被抚摸的需要。生活中缺乏皮肤触摸的孩子，往往会自己咬手指，啃玩具，哭闹不安，这就是"皮肤饥饿"的表现，如果婴幼儿长时间处于皮肤饥饿的状态，会引起食欲不振、智力发育迟缓及行为异常等；而常被亲人抚摸的孩子，却没有上述现象。所以对于婴幼儿，父母应经常搂抱他们，定时对他们的背部、颈部、腹部及四肢进行抚摸，亲吻他们的面额，以及在谈话时用手去捏他们的小手小脚等，这会极大地满足婴幼儿的触觉需要，有利于婴幼儿的健康成长。

📡 备考指南

2019 年中级育婴师从业资格考试真题

　　（　　）是感觉。

　　A. 反映当前客观事物的整体属性的认识过程

　　B. 反映当前客观事物的个别属性的认识过程

　　C. 反映当前客观事物的个别属性的思维过程

　　D. 反映过去客观事物的整体属性的认识过程

　　【参考答案】B

① 陈帼眉等：《学前儿童发展心理学》，89 页，北京，北京师范大学出版社，2013。
② 陈帼眉：《学前心理学》，56 页，北京，人民教育出版社，2003。
③ 陈帼眉等：《学前儿童发展心理学》，92-93 页，北京，北京师范大学出版社，2013。
④ 文颐：《婴儿心理与教育(0—3岁)》，73 页，北京，北京师范大学出版社，2015。

二、益智区的空间规划

益智区，是指有益于婴幼儿智力培养的区域，其教育功能主要是支持婴幼儿感知觉、观察能力、动手能力的发展，进而促进其认知发展。益智区未必是一个固定的区域，更多的时候，有益智材料的地方都可以被看作益智区。①认知发展不是一定要发生在益智区，生活活动、动作技能练习过程等，都可以促进婴幼儿认知的发展。

益智区环境创设应便于婴幼儿开展自主性探索和操作活动。可选在活动室、寝室的一角或安静的走廊拐角，为婴幼儿提供相对安静的环境，避免婴幼儿在活动中相互干扰而引起矛盾。益智区环境创设要根据婴幼儿不同月龄段的特点及时更换环境布置，充分满足他们的兴趣与需要，发挥该区域的潜在功能。区角布置应美观、舒适、开放，这样的环境布置有利于婴幼儿自由地进行各种探索活动，有利于培养婴幼儿的秩序感及审美能力。另外，该区域应尽量创设与婴幼儿实际生活有关的互动情境，激发他们积极主动探索的兴趣。②

三、益智区的材料投放

（一）如何选择材料

益智区的材料投放可以参照以下建议。③

1. 材料的情境性

在投放材料时要以婴幼儿的生活经验为基础，强调材料的可操作性，所选材料要适应婴幼儿的发展特点和需要，引导他们主动地与材料互动，比如，为他们提供纽扣、拉链、锁等与生活相关的材料，便于婴幼儿的探索。

2. 材料的趣味性

在提供材料前，保育师要先了解婴幼儿的生活经验与兴趣，根据他们的兴趣来投放材料。婴幼儿对拼图游戏感兴趣，因此可以在益智区投放多种拼图等，让他们充分发挥自己的想象力，自由地进行创作。

3. 材料的新颖性

针对婴幼儿的年龄特点，在选取材料时，首先要在外形上有吸引力。另外，材料的颜色也会对婴幼儿产生一定的影响，他们往往喜欢一些颜色鲜艳的材料（见图5-7）。

（二）具体的材料选择与投放

这一区域的材料应满足婴幼儿小肌肉动作、感知能力、操作探索能力的发展需要，因此，提供的材料可以有串珠、拼图、分类玩具、扣子、容器、不同大小的盒子和瓶子等。④促进小肌肉动作发展的材料，我们在学习任务一中已经说过，这里就不再重复。以下材料类别可以作为创设益智区的参考。

视频资源

赛车游戏

图5-7　某托育机构益智区材料

---

① 倪爱娟：《幼儿园益智区材料投放及策略》，载《教育》，2015（12）。
② 崔哲：《幼儿园区域环境创设与活动开展》，65页，北京，中国轻工业出版社，2017。
③ 倪爱娟：《幼儿园益智区材料投放及策略》，载《教育》，2015（12）。
④ 何慧华：《0—3岁婴幼儿保育与教育》，111页，上海，上海交通大学出版社，2013。

1. 感官类

可以根据婴幼儿感官发展特点来选择相应的材料，这些材料可以以自然材料为主。比如，可以准备一些不同触感的物品，如锡箔纸、羊皮纸、镜面纸等，这些材料有不同的颜色和声音，能够刺激不同感官的发展。也可以在地上铺不同的材料让孩子踩在上面，有的机构将气泡膜铺在地上，让孩子们脱掉鞋子在上面走路，使其获得不一样的触觉体验。另外，托育机构如果有足够的空间，可以放置海洋球，这也是一个促进感官发展的不错选择，但是要防止发生踩踏等意外事故。在日常生活中，也可以通过让孩子们品尝不同的食物、在室内放置有香味的水果等来促进他们嗅觉、味觉等感官的发展，但不建议在托育机构使用香水、空气清新剂一类的物品。

2. 操作类

婴幼儿通过动手操作认识周围的环境，同时也能够体验到操作的乐趣，激发潜能。下面的操作类材料的例子仅作为参考。[①]

（1）图形拼摆案例。婴幼儿根据自己的生活经验和自身的创造力，能对不同形状的图形进行拼摆。由于婴幼儿的生活经验比较少，应投放简单的图形，如圆形、三角形等，且图形的颜色不宜过多，同时投放可供参考的图例。

（2）开锁、关锁案例。提供 3 把锁和 3 把钥匙，引导幼儿学习开锁、关锁。可以在同一把锁和钥匙上贴相同的图形或图片（如圆形、三角形、长方形），支持婴幼儿根据图形一致的方法一一配对来开锁。为了提高开锁的趣味性，还可以提供一些不同类型的锁来激发他们的探究兴趣。

除了这些玩具类的材料外，还可以设置一些美工材料，准备一些纸张、画笔、橡皮泥等，引导幼儿发挥自己的创作能力来操作这些材料。

3. 与数学相关

《托育机构保育指导大纲（试行）》指出，对 25—36 个月的幼儿，应"启发幼儿观察辨别生活中常见物体的特征和用途，进行简单的分类，并感受生活中的数学"。例如，可以让婴幼儿从家中带一些废旧物品放在该区域，然后放上几个篮子，让他们将同类别的物品放入同一个篮子中。对于托大班的幼儿，应适当增加一些能够与数学相关的材料。例如，"对应摆积木"这个活动，投放三盒积木块，每盒积木颜色相同。一盒装有半圆形积木块，一盒装有长方形和小正方形积木块，一盒装有三角形和小三角形积木块。准备三条图形模板，引导幼儿根据图示将积木块完整地拼在图形模板里，使其体验不同图形的几何关系。

学习效果检测

1. 请结合你的理解，说说认知的概念。
2. 益智区的材料投放可以考虑哪几类？
3. 在投放益智区的材料时应如何考虑？

① 崔哲：《幼儿园区域环境创设与活动开展》，65 页，北京，中国轻工业出版社，2017。

文本资源

参考答案

4. 想一想，如何在日常生活中促进婴幼儿感官的发展。

延伸阅读

更多关于益智区材料投放的文章：

李鹤、赵艳红、杨畅：《小小、小、中、大班生活益智区材料选择与投放策略》，载《教育界》，2020（25）。

益智区是促进婴幼儿智力发展的重要活动区域，其中游戏材料的选择和投放不仅要具备教育功能，而且要满足不同月龄段婴幼儿发展的需求。本文分析了四个年龄班益智区材料的选择和投放策略，以进一步帮助教师增强材料选择和投放的科学性、合理性，增强益智区活动的高效性。

学习任务四
建构区、娃娃家的空间规划和材料选择

学习任务单

学习目标	学习完本任务，你应该能够： ①知道如何在托育机构中创设建构区和娃娃家。 ②知道在建构区和娃娃家中应投放什么样的材料。
学习要点	重点、难点： ①掌握婴幼儿建构区的创设要点。 ②知道如何在托育机构中设置娃娃家，并选择适宜托大班幼儿的材料。
学习建议	学习前： 　初步了解建构游戏和角色游戏对婴幼儿发展的意义。 学习中： 　观察一所托育机构的室内环境，并记录他们是否创设了建构区和娃娃家，如果创设了又是如何创设的？ 学习后： 　完成本学习任务后的检测题。
学习运用	你觉得在哪些工作场景中可以运用到本任务所学的知识？（学生填写）
学习反思	记录你在学习过程中的相关思考。（学生填写）

案例导入

丽丽老师和两名幼儿一起搭了一个停车场。停车场里有一个平坦的地基，有圆柱形积木搭起的立柱，上面有半圆形的屋顶。安安在房间里爬来爬去，她已经能用一只手臂保持平衡，同时伸出另一只手去够想要的东西。当安安注意到这个建筑时，她兴奋地爬过来，抓住了地基上的一小块积木，把它抽了出来。停车场轰隆一声倒塌了。安安看了看散落一地的积木，又抬头看了看丽丽老师，然后她一边用一只手抓着积木，一边在房间里爬。爬到桌子前看到上面的水杯时，她停住了，伸手拿下水杯，然后把积木放在了水杯里。

一、建构游戏对婴幼儿的意义

婴幼儿建构游戏指的是婴幼儿操作各种材料进行物体构造的活动。建构游戏的两个基本要素是手的操作技能和空间想象力，这也是建构游戏对于婴幼儿发展的意义。从手的操作技能方面来看，根据动作发展规律，即从上到下、由近及远、由粗到细的规律，可以看到手的精细动作的发展是要经历一段很长的时间的，一般到 1 周岁左右，婴幼儿能够用大拇指、食指、中指捏起一块方积木。从空间想象力来看，婴幼儿在 1 岁以后，开始发现物体之间的关系，渐渐会将两个物体做空间安排，这时候他们开始学会垒方积木、套叠。在简单的动作技能和初步的空间知觉水平的相互配合下，建构游戏开始萌芽了。[①]

建构游戏有利于婴幼儿的动作、想象力及空间知觉能力的发展。首先，建构游戏是需要手脑并用的，在大脑的调节控制下，婴幼儿的动作逐渐协调、复杂。他们的手部动作，尤其是手指的控制力不断增长，大大提高了动手操作能力。其次，建构游戏材料没有固定的模式，因此婴幼儿可以根据自己的想法使用不同材料进行组合，这大大增加了他们的好奇心和探索欲，从而发展了他们的想象力和创造力。另外，摆弄游戏材料的过程也是充分感知和反复辨认物体颜色、形状、大小、空间比例和材料特点的过程。婴幼儿在操作过程中不仅容易形成空间概念，而且容易认识事物的对应关系，因此建构游戏还能够发展婴幼儿的空间知觉能力。[②]

🔍 拓展阅读

一般认为，建构游戏的发展呈现以下顺序[③]：

前建构：在这个阶段，儿童将积木当作感觉材料；

"排"与"塔"：简单横排或竖排积木；

连接与围绕：能用第三块积木连接及平衡其他两块积木；用积木搭建一个闭合的结构，能够区分内外；

命名与早期象征：在搭建前有一个简单的目标，出现一些细节，如对称结构，但结构简单、轮廓化；能够在成人提示下为作品命名；

主题搭建：有目的地搭建，作品的结构相对复杂，细节相对精细；出现合作搭建。往往要到 4—5 岁，幼儿才能进行较为稳定的主题搭建。

二、建构区的空间规划和材料选择

建构区的活动是婴幼儿根据自己的水平、兴趣和需要来选择材料进行个别化或小组式操作的活动，是将婴幼儿的思维、操作能力、创造力融为一体的区域活动，也是其不可缺少的体验。面对不同种类、质地、形状

---

① 华爱华：《幼儿游戏理论》，175 页，上海，上海教育出版社，1998。

② 华爱华：《幼儿游戏理论》，178 页，上海，上海教育出版社，1998。

③ ［美］朱莉·布拉德：《0—8 岁儿童学习环境创设》，陈妃燕等译，南京，南京师范大学出版社，2020。

的建构材料，婴幼儿可能会爱不释手，在搭建、排列、组合、拼插这些材料的过程中，婴幼儿实现了自己搭建的需求与愿望，同时能够体验与同伴一起合作的快乐和成就。这也是建构区活动的价值所在。①

（一）建构区的空间规划②

1. 玩具柜

建构区中玩具柜的摆放位置要合理，最好是靠墙或者和其他柜子背对背摆放，这样不易被婴幼儿推倒。建构区的材料有很多，质地也不同，有的实心木质积木比较重，这类材料可以摆放在靠墙或者柜子的下面，方便婴幼儿取放，也可以分类放在单独的收纳箱里；将一些轻便易取的材料用塑料筐盛装后，放在柜子的其他层。可以将分类好的玩具材料与放置的区域贴上相对应的标志，以支持婴幼儿收纳玩具，帮助他们养成良好的习惯。

2. 空间与材料

一般来讲，乳儿班和托小班建构区的面积无须太大，应尽可能地保证场地空间和材料的数量成正比，避免材料多而场地小的情况。在材料方面，建构区以积木和积木配件为主，婴幼儿在活动过程中，直接与材料接触，所以要保证材料安全并做到定期消毒。

3. 墙面装饰

可以在这个区域给幼儿创设一个展示作品的空间，展示已经完成的作品或照片等，也可以张贴一些世界著名建筑物的图片，以墙面设计来吸引他们到这个区域进行游戏和活动。

（二）建构区的材料选择

婴幼儿的建构活动往往是无意识、无目的的，建构的特点是独自游戏和平行游戏，他们只对搭的动作感兴趣，而不在乎能搭出什么。婴幼儿建构游戏的嬉戏性较强，作品结构比较简单，因此建构区的面积无须太大。一般来讲，可以为他们提供积木、纸砖、易拉罐、纸筒等材料来激发想象力和动手能力。同时建议提供不同形状、大小、材质的积木以支持婴幼儿探索感知积木的材质、颜色等。可以提供大型积木、小型积木，以及其他纸质、布质、塑料积木、自制积木等，也可提供一些积木配件，如管道、斜坡、玩具车、玩具锤等。另外，一些日常材料和开放式材料也能引发婴幼儿的建构兴趣，如地毯、窗帘、树枝、稻草、石子、黏土、托盘、绳子、镜子等（见图5-8）。

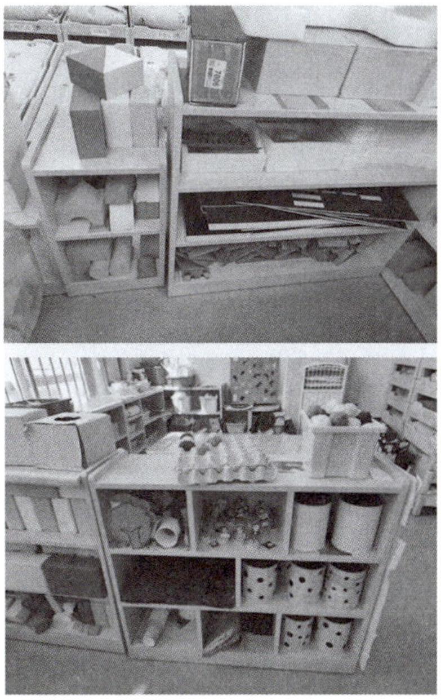

图 5-8 建构区材料

---

① 崔哲：《幼儿园区域环境创设与活动开展》，136 页，北京，中国轻工业出版社，2017。
② 崔哲：《幼儿园区域环境创设与活动开展》，138 页，北京，中国轻工业出版社，2017。

幼儿游戏类型①

美国学者帕顿从儿童社会行为发展的角度将幼儿的游戏分为以下六种：

（1）无所事事（偶然的行为）。此阶段的儿童不是在玩游戏，而是关注着身边的事情，尤其关注身边他比较感兴趣的事情，或者摆弄自己的身体，爬上爬下，到处乱跑乱转，或者待在一个地方东张西望。比如，会发现生活中很多幼儿在沙发上爬上爬下，或者围着一个柱子转圈，乐此不疲。

（2）旁观者游戏。此阶段的儿童大部分时间在看其他儿童玩，听他们谈话，或向他们提问题，但是始终没有参加到游戏中去。他很清楚他人的游戏是如何进行的，以及进行到什么阶段，但只是旁观，并没有加入游戏。比如，很多孩子在玩游戏，他会在旁边一直看，很感兴趣，时不时问一两个问题，或者提些意见，但是当让他参与到游戏中时，他又表示不玩。

（3）独自游戏（单独的游戏）。此阶段的儿童经常自己一个人玩游戏，玩玩具，自己的玩具与周围其他儿童的不同。只是专注于自己的游戏，并不去管其他儿童在干什么，很少与他人互动交流。比如，家里的两个孩子各自玩自己的玩具，一个玩洋娃娃，一个玩小汽车，互不理睬。

（4）平行游戏。此阶段的儿童仍然在独自玩游戏，但是相比之前，此阶段的儿童玩的玩具与周围儿童的玩具类似，但只是在同伴的旁边玩，并不与同伴一起玩。比如，几个玩积木的儿童聚在一起玩，但都是自己玩自己的，每个人的玩法不同，有些是搭房子，有些是乱扔等。

（5）联合游戏。此阶段的儿童开始与同伴一起玩游戏，他们会谈论共同的话题，活动中偶尔有借东西、相互追随模仿、短暂交谈的行为，但是依然没有围绕具体目标进行游戏，每个儿童依然是依据自己的兴趣来玩，所以此时儿童的兴趣还不属于集体。比如，几个儿童在玩小汽车时，会模仿其他人来开汽车，或者偶尔会谈论怎么玩更有趣，或者谈论谁的汽车跑得快。

（6）合作游戏。此阶段的儿童开始有了集体的共同目标，在游戏中表现出互相合作、分工、规则意识，并努力达到目的。通常在游戏时，有一两个领头的孩子来组织指挥。例如，几个儿童一起搭积木，会明显有一两个儿童来指挥，有人负责找不同形状的积木，有人负责搭城堡，有人负责不让积木倒塌等。

三、角色游戏对婴幼儿的意义

角色游戏又称为想象游戏、模仿游戏、假扮游戏、社会性游戏。它是学前儿童典型的一种游戏形式，在整个学前期占的时间最长，大约从2周岁开始，直至入小学前止。这是一种使用替代物品，扮演角色，以模仿和想象创造性地反映周围生活的游戏。②比如，他们会装扮成爸爸、妈妈、医生、司机等角色，把他们在实际生活中的所见所闻以及体验到的事件，概括性地反映出来，如同演戏一般。这是他们社会经验的展示，角色游戏更多地体现了一种人际关系，从这一游戏中，他们的社会交往能力也会得到发展。③

2019年中级育婴师从业资格考试真题

婴儿社会适应能力产生的途径是（　　）。

A. 只和父母在一起　　　　　　　　　　B. 只和家庭成员交往

C. 只和某个要好的小朋友一起玩　　　　D. 和父母、其他家庭成员和小伙伴交往

【参考答案】D

---

①　刘焱：《幼儿教育概论》，285页，北京，中国劳动社会保障出版社，1999。

②　黄人颂：《学前教育学》，239页，北京，人民教育出版社，2015。

③　华爱华：《幼儿游戏理论》，155页，上海，上海教育出版社，1998。

四、娃娃家的空间规划和材料投放

(一)娃娃家的空间规划

娃娃家是婴幼儿反映社会、成人活动的一种角色游戏，是婴幼儿在类似"家庭"及相关区域内，通过扮演爸爸、妈妈、宝宝等不同的角色，再现他们在真实生活中所获得的经验，并利用道具及扮演来加深对周围世界了解的过程。娃娃家的游戏和活动能够促进婴幼儿社会性、语言和认知等方面能力的发展。[①]

在一些托育机构中，可能没有单独设置娃娃家的区域，特别是空间有限的机构，会选择把娃娃家设置在语言区或者其他区域的旁边。因为婴幼儿的游戏和活动是比较随意的，他们可以把娃娃家安置在任何一个他们想要去的地方，这也是被允许的。空间大一些的机构则可以考虑单独设置一个娃娃家的区域，布置成一个"家"（见图5-9）。

图 5-9　娃娃家

(二)娃娃家的材料选择

在娃娃家游戏中，婴幼儿往往只是模仿一些成人生活、劳动的片段动作。游戏的过程直接依赖于所提供的材料，婴幼儿在看到材料后才想到玩什么游戏，因而离开了材料，游戏也就停止了。所以在娃娃家游戏过程中，为婴幼儿提供丰富、形象化的材料，有利于游戏的开展。为引发婴幼儿游戏的兴趣，可以为娃娃家提供色彩鲜艳、形象逼真的锅、碗、瓢、盆、娃娃、奶瓶、围裙、小床、电话、煤气灶、饮水机、热水器、洗手池等，这些材料都符合幼儿的日常生活经验，是他们喜欢操作且能够模仿的，他们会在娃娃家烧饭、烧菜、喂娃娃喝奶、洗澡、洗衣服、从饮水机里倒水等，这体现了他们在家庭中获得的经验。[②]（见图5-10）

另外，在材料的选择上，要考虑不同月龄婴幼儿的发展水平。在选择娃娃的衣服和游戏服时，尽量选择易脱下的呢绒扣、大扣子或粘贴扣等。首饰和其他材料，应尽可能选择体积较大的，预防婴幼儿误吞带来危险。还要考虑婴幼儿的兴趣，比如，他们喜欢可以移动的物体，就可以在这个区域放置手推车这类材料。[③]

图 5-10　娃娃家设置及材料

🔍 拓展阅读

生命教育

婴幼儿对周围的事物充满了好奇心，随着年龄的增长，他们会产生一些与生命相关的问题，如"我从哪里来""小草会疼吗"等。因此，生命教育应当渗透到环境创设中去。生命教育一般包括四个主题，分别是人与自我、人与社会、人与自然、人与生命。[④]在托育机构中，可以利用户外、区域环境等来帮助婴幼儿认识生命、欣赏生命、敬畏生命，引导和培养婴幼儿正确的生命观。

①　包璇：《合理调整娃娃家环境，促进幼儿适宜性发展》，载《启迪与智慧（教育）》，2018（7）。
②　夏文娇：《浅谈幼儿园小班"娃娃家"的创设》，载《读写算》，2018（14）。
③　［美］朱莉·布拉德：《0—8岁儿童学习环境创设》，陈妃燕等译，255页，南京，南京师范大学出版社，2020。
④　孙少华：《以绘本为载体开展大班幼儿生命教育的行动研究》，闽南师范大学，硕士学位论文，2020。

对于婴幼儿来说，生命教育应该从关怀和尊重大自然的一草一木开始，因此，可以考虑在室内或室外创建自然角，为婴幼儿提供观察动植物的机会和场所，如观察鱼、乌龟、蚕等的生长情况（见图5-11），还可以根据季节种植不同的农作物，如玉米、花生等。

婴幼儿也喜欢读绘本故事，因此，可以在语言区投放一些适宜他们年龄的有关"人与自我"等内容的绘本，帮助婴幼儿认识自己的身体，建立自我意识，从而正确地认识自己。

图5-11　幼儿在机构内的鱼缸前观察、讨论

学习效果检测

1. 什么是角色游戏？

2. 建构游戏对婴幼儿的意义有哪些？

3. 幼儿建构游戏的发展所呈现出的一般顺序与特点是怎样的？

4. 在设置建构区的柜子时应考虑哪些问题？

5. 观察一家托育机构的娃娃家，看看它有哪些材料，思考这些材料与婴幼儿的生活经验是否匹配。

文本资源

参考答案

延伸阅读

更多关于建构区的文章：

［美］菲利斯·M. 科里克等：《托幼机构管理》，刘莉等译，北京，北京师范大学出版社，2018。

本书第六章的室内区角空间规划部分，重点介绍了表演游戏区、积木游戏区、美工区、科学与数学区等室内区角的空间设置、材料投放等，为一线教师合理设置托育机构的室内活动区提供参考。

学习模块六
创设户外活动区

　　户外活动区是托育机构不可或缺的一部分，你知道婴幼儿的户外活动需求有哪些吗？在托育机构中该如何设置户外活动区来满足他们的需要呢？又有哪些方面是我们需要注意的呢？通过这一模块的学习，你能够了解托育机构创设户外活动区的基本要求，在高效规划、利用户外活动区以及在为婴幼儿挑选适宜的设施和材料时需要注意的事项。希望这一模块的内容能够对你的实际工作有所启发，帮助你更加了解托育机构的户外活动安排和实施情况。

　　户外活动能让婴幼儿呼吸新鲜空气，接受日光照射，能有效预防和减少疾病的发生，促进婴幼儿间的积极互动与交往，增强婴幼儿自我保护意识等。在婴幼儿与自然环境互动中，户外活动也能促进其好奇心、想象力、创造力以及思维的发散能力的发展。[1]经常参加户外活动的婴幼儿，在视觉、语言表达和社会能力方面都会更加突出。因此，同室内环境的创设一样，户外环境也需要教育者从活动目标、区域空间、设施材料等方面考虑布局，以提供既有教育性又让婴幼儿感到舒适的活动场地。以下我们将详细阐释如何对户外活动区进行创设。

学习导图

```
                           ┌─ 软硬件安全合规
              ┌─ 户外活动区 ─┼─ 支持婴幼儿发展
              │    创设要点   └─ 保证活动空间的舒适
              │
              │              ┌─ 划分不同区域
创设户外 ──────┼─ 做好户外活动区 ─┼─ 提供动线联系
活动区        │   的场地规划   └─ 提供充足的配套区域
              │
              │              ┌─ 选择户外活动区的设施材料
              └─ 户外活动区的 ─┼─ 户外游戏设施及操作建议
                 设施及材料    └─ 定期消毒及安全检查
```

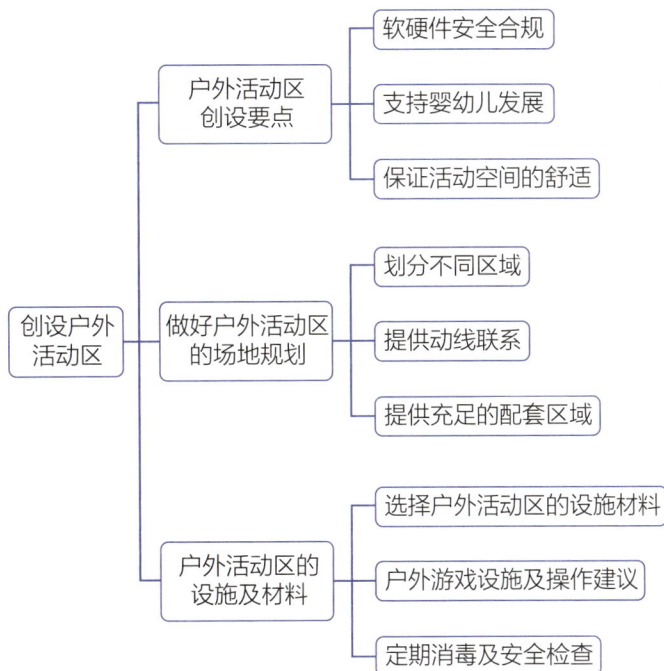

[1]　Sutterby, J. A., Thornton, C. D., "The Developmental Benefits of Playgrounds," *Child Education*, 2005（1）.

学习初体验

实践体验活动：观察当地托育机构的户外环境及其周边环境，你认为场地对于婴幼儿而言是安全并且适宜的吗？有哪些分区设置？材料投放是否符合婴幼儿发展阶段的特点与需求？如有问题，应该怎么改进？请你记录自己的观察和思考，学习完本模块后再来看看最初的记录。

欣赏及评析：图 6-1 是某托育机构户外活动区的照片，你觉得这个场地是适宜的吗？请与同学交流看法，并想想有什么完善建议。可以在学习完本模块后再来分析。

图 6-1 某托育机构户外活动区的环境

学习任务一
户外活动区创设要点

学习任务单

学习目标	学习完本任务，你应该能够： ①了解户外活动区创设的要点。 ②熟悉政策法规中对户外活动区环境的相关规定。
学习要点	重点、难点： ①理解户外活动区创设的要点。 ②结合案例理解政策法规对户外活动区环境创设的规定。
学习建议	学习前： 　思考学习初体验中的案例分析。 学习中： ①结合这一模块的学习内容，再次对案例分析进行反思和讨论。 ②仔细阅读拓展知识的内容。 学习后： 　完成本学习任务后的检测题。
学习运用	你觉得在哪些工作场景中可以运用到本任务所学的知识？（学生填写）

续表

学习反思	记录你在学习过程中的相关思考。（学生填写）

📚 **案例导入**

📝 学习笔记

户外活动时间到了，王老师带领幼儿们来到玩滑梯的地方，先跟幼儿讲清楚规则：玩滑梯的时候不能追逐打闹，不能从滑梯的底部往上爬，也不能头朝下滑，注意安全，遇到问题先自己解决，解决不了再请老师帮忙。

然后户外游戏活动正式开始了，小朋友们开心地上了滑梯，他们一个跟着一个走到了S形滑梯上，按规则有顺序地滑下来，突然斜滑梯上的多多叫道："王老师，婷婷刚刚踢到我的屁股了！"王老师："怎么回事？不是说小朋友遇到问题先自己解决吗，解决不了再请求老师帮助。多多，为什么婷婷会踢到你的屁股呢？你想一想。"旁边的婷婷说道："王老师，是多多刚才在滑梯上面一直不滑下去，堵在前面，我滑下来的时候才踢到她的。"王老师："多多，是这样的吗？"这时多多羞涩得不知道该说什么。

王老师："前面的小朋友堵在滑梯的出口，后面的小朋友都下不来，就会撞倒。滑梯是比谁滑得更快哦。如果我堵在滑梯的出口这里，你们可以下来吗？不可以，是吧？"幼儿们点点头。"好啦，快去玩吧！"幼儿们又开始游戏了。

一、软硬件安全合规

安全永远是托育机构开展活动及工作的前提，所以，首先必须确保婴幼儿所处的活动场地是安全的。安全包括硬件安全（场地安全、地面安全、设施设备的安全）和软件安全（活动人数限制、可操作材料安全）两方面。

在硬件安全方面，我国《托儿所、幼儿园建筑设计规范》（JGJ39—2016）（2019年版）对托儿所室外活动场地有如下规定：（1）地面应平整、防滑、无障碍、无尖锐突出物，并宜采用软质地坪。（2）托儿所基地周围应设围护设施，围护设施应安全、美观，并应防止幼儿穿过和攀爬。在出入口处应设大门和警卫室，警卫室对外应有良好的视野。（3）托儿所出入口不应直接设置在城市干道一侧；其出入口应设置供车辆和人员停留的场地，且不应影响城市交通。（4）室外活动场地范围内应采取防止物体坠落措施。

户外活动场地的地面也有相应的要求。较小的婴幼儿经常会坐在地上，或在地面爬，而混凝土和沥青在夏季会吸收较大热量，所以不建议选择这些材料作为婴幼儿户外活动场地的地面。在攀爬设施下，尽量使用沙子、草地或其他具有一定缓冲作用的软材料，并且攀爬设施与地面缓冲材料应有一定的高度比例，这样能起到一定的保护作用（见图6-2）。

图 6-2　托幼机构用桔梗、沙子作为地面软材料

围墙无疑是保证户外活动场地安全的有效措施。香港特别行政区《幼儿中心规例》①规定：环绕活动场地的外墙须连续向上竖立，形成一道围绕活动场地的连续护墙，高度不得少于1.1m；该护墙上顶须有连续的链环或类似的金属围栏，固定于护墙内侧垂直的一边，或护墙顶部表面最里面的边缘；护墙与金属围栏的总高度不得少于2.5m，而金属围栏的安装，须使消防人员在紧急事故发生时能轻易进入该场地。这些都是从场地安全管理的角度出发所制定的标准。

软件安全可以从空间安排、设施材料等方面来考虑。在空间安排上，可以把小月龄与大月龄婴幼儿的活动空间分开，为不能独立行走的婴幼儿准备相对独立的活动空间，这样可以避免其他婴幼儿在跑、跳或扔东西时意外伤到小月龄婴幼儿。通常来讲，托育机构的户外场地需要划分为相对独立的两部分，小月龄婴幼儿的户外活动场地可以提供晒太阳的小躺椅（见图6-3），体能游戏组合也是以爬、扶站、触感刺激等材料为主；为大月龄婴幼儿设置的户外场地可以提供小车、滑梯等设施（见图6-4），也可以设置种植、自然观察的区域。这样不仅对空间进行了有效划分，也为相应月龄婴幼儿提供了适宜的设施材料。

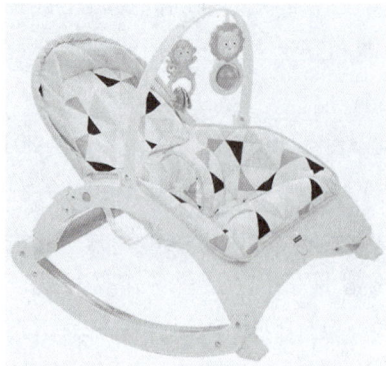

图 6-3　为小月龄婴幼儿准备的小躺椅

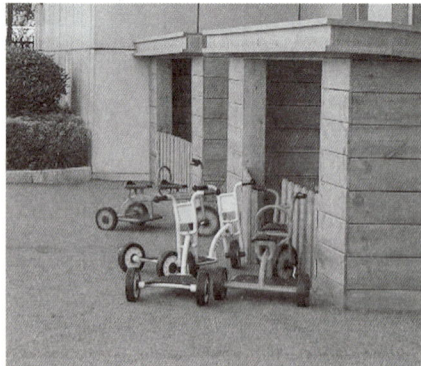

图 6-4　给大月龄婴幼儿提供的小车

---

① 《幼儿中心规例》，https://www.elegislation.gov.hk/hk/cap243A! zh-Hant-HK，2022-9-12。

此外，设施材料的消毒保护也极为重要，例如，常用于器材上的木材杀虫剂——铜铬砷（CCA），可能引发癌症等。出于对婴幼儿活动时安全的考虑，应该减少婴幼儿手口接触的机会，或用另外的方式消毒。还有一个户外活动危险因素，就是紫外线，户外活动场地需要设置阴凉处，并为婴幼儿准备防晒服装，涂抹防晒霜。美国儿科学会建议，如果婴幼儿在上午十点到下午两点在户外活动，应身穿保护皮肤的服装，包括帽子、长袖、长裤，且以浅色为宜。关于设施安全，可以参照拓展阅读部分所提及的具体设施要求以及空间安排要求进行实际操作。

🔍 拓展阅读

美国马萨诸塞公共卫生部的室外环境安全评估表①

（1）所有设施

①螺母、螺丝或螺钉等突出部分用遮蔽胶带挡住或用砂纸磨光；

②金属设施表面无灰尘或油漆屑；

③木质设施表面无碎片，也不粗糙，无尖边和收缩、变形部分；

④螺母和螺钉紧紧固定在设施上；

⑤设备地表以下的固定部分很稳固；

⑥设备放置地点得当，不因使用需要而随意挪动；

⑦使用设备的儿童达到设备设计的儿童的年龄或发展水平。

（2）场地地表

①所有游戏设备下都有减震材料（如细砾或木屑）；

②每周仔细检查地表，防止设备被其他物品包裹（如垃圾、尖锐的物体等）；

③地表没有死水池；

④在设备固定的地方，没有混凝土暴露在外。

（3）空间的安排

①秋千与其他设备至少隔2.74m；

②各秋千彼此相隔至少0.45m；

③滑梯有2.3—2.7m奔跑的空间；

④所有设施之间，至少相隔2.4m；

⑤儿童能够看到设备之间的界线（如用油漆画的线或者低矮的灌木）；

⑥骑自行车区、游戏区等区域与其他设备分开；

⑦秋千和墙、篱笆、人行道，以及其他游戏区域之间至少相隔1.8m，放置障碍物防止儿童进入交通道路（如在追球时）。

（4）滑梯

①滑梯高1.8m或低于1.8m；

②边缘至少高0.06m；

③滑梯顶部有封闭平台，供儿童休息及准备滑行；

④滑梯的梯子两边有扶手和平坦的台阶；

---

① American Academy of Pediatrics, American Public Health Association, & National Resource Center for Health and Safety in Child Care and Early Education, *Caring for Our Children: National Health and Safety Performance Standards: Guidelines for Out-of-Home Child Care Programs* (2nd ed.), Elk Grove Village, IL: American Public Health Association, 2002.

⑤滑梯底部表面平坦，供减速用；

⑥要给金属滑梯遮光，以防燃烧；

⑦木质滑梯要打蜡，或者涂上亚麻油；

⑧滑梯的斜面等于或小于30°。

（5）攀爬设施

①不同高度的梯子为不同年龄和不同高度的儿童服务；

②在儿童抓住栅栏时，栅栏能保持在原地不动；

③儿童下跌的最大高度是2.3m；

④立足点从上到下都有恰当的空间；

⑤在儿童到达顶部时，有一个容易通过的、安全的"出口"；

⑥在让儿童使用设施之前必须保证设施是干的；

⑦梯级刷上明亮的颜色或对比色，以便儿童看到它们。

（6）秋千

①不足5岁的儿童应该使用椅型的秋千；

②年龄大一些的儿童可使用帆布秋千和鞍马状座位；

③悬挂的环直径要小于或大于儿童的头；

④座位和链条交接的点暴露在外。

（7）跷跷板

①杠杆的支点装入套中，或设计好以免被夹；

②儿童抓住把手时，把手既不移动也不摇晃；

③木制积木或橡胶轮胎的一部分放在座位下面，以免绊脚。

（8）沙箱

①沙箱放在阴凉处，只有消毒过的沙子才能用；

②沙箱的框架是磨砂的，表面平滑，既无碎片，也不粗糙；

③沙子至少每两周检查一次，看有无碎片藏在其中，沙子暴露在阳光和空气中；

④晚上盖住沙箱，以免被湿气和动物粪便污染；

⑤沙箱有适当的排水设施；

⑥将有毒的植物和浆果移出游戏区域；

⑦游戏区域有清洁的饮用水源可用；

⑧有遮阴处；

⑨能够很容易地监督整个游戏区域。

二、支持婴幼儿发展

无论室内还是室外的环境，托育机构和保育师都应该精心规划。环境的规划能反映一定的课程目标和内容，为了促进婴幼儿身体、情感、社会性、认知等方面的发展，托育机构所选择的设备和材料都需要具备高质量以及教育性的特征。①例如，美国某儿童保育顾问公司主席多利·沃尔特·李建议，多运用对比色（例如，

---

① 孙娜：《幼儿园户外环境设计探讨》，西南大学，硕士学位论文，2013。

黑与白），通过外在的色彩对比，可以有效帮助婴幼儿发展其视觉辨别能力，从而引发婴幼儿的好奇和注意力，增加婴幼儿学习的兴趣（见图 6-5）。①

许多托育机构将对动植物的自然观察也设置在户外环境中，这使得婴幼儿在观察动植物时学会尊重和热爱大自然。环境的设置也能够引发婴幼儿的观察兴趣，例如，在户外环境中放一杯水，引导婴幼儿观察不同的天气变化所引发的光照、反射、水滴等现象，进而刺激婴幼儿的好奇心与探索欲。同时，支持婴幼儿的发展还体现在，所设置的场地是否符合不同月龄段婴幼儿的活动需求，材料的选择及操作是否符合婴幼儿的能力发展需求。试想，如果你是一个两岁的幼儿，你所处的游戏区中只有无辅助轮的自行车，这对于你来说是学习上的挑战还是不适宜的拔苗助长呢？维果茨基的"最近发展区"理论正好印证了这一说法，适宜性不仅体现在为婴幼儿设计的课程难度上，也体现在环境、材料的安全性与发展性上。

此外，我们可以充分利用与婴幼儿视角平行的围墙做一些设置，如某托育机构的户外环境将婴幼儿的石头画、贝壳画等作品贴在墙上，悬挂在婴幼儿的平行视角的高度，这样不仅展示了作品，也增加了婴幼儿对此环境的参与度与归属感。环境是非常重要的课程资源，托育机构用心将无声的教育融入环境，婴幼儿会潜移默化地受到影响。

户外环境要尽可能支持课程单元主题。例如，课程单元的主题是"鱼"，那么建构区就可以变成一个大鱼池，用大型的空心积木堆出岸边，将曲别针放进鱼池，婴幼儿可以用磁铁鱼竿来钓鱼。自然观察区的鱼缸或水槽可以用来探索和观察，所以环境能辅助教育，教育也能体现在环境中。

三、保证活动空间的舒适

奥尔兹针对环境应满足婴幼儿的舒适需要得出如下结论④：舒适的环境孕育游戏态度，帮助缓解焦虑，促进理解，使得婴幼儿在表露自己对事情和材料的反应时更为开放。

在同一时间进入户外场地的人数无限制，是目前很多托育机构普遍存在的问题之一。很多托育机构从教师数量的角度考虑，会让所有婴幼儿在同一时间进行户外活动，然后全园老师共同看护，场面混乱。这不仅易导致婴幼儿情绪不稳定，难以顺利开展活动，甚至容易引发安全问题。空间是游戏的前提，只有有了适当的空间，才能达到最佳的户外活动效果。为了避免人数过多带来不安全问题，香港特别行政区《幼儿服务规例》对每次在天台游乐场中活动的总人数进行规定：（1）在任何天台游乐场上，每次由

图 6-5　环境中的对比色

名人名言

在所有的表现中，环境就是课程。②

儿童与物理环境的成功互动，必须满足三个基本的要求，即运动的需要、感到舒适的需要和感到有能力的需要。③

——奥尔兹

试一试

如果有一个"夏季沙滩"的主题活动，你将如何设计规划户外环境呢？试着和同学讨论、制订一个方案。

想一想

如果你身处在一个拥挤吵闹的环境中，会有什么心情呢？你还能继续专注地探索、体验不同的游戏活动吗？

---

① Douville-Watson, L., *Caregiver Training* 97, *Creating Boundaries Using Puppets*, NY, Instructional Press, 1997, p. 3.

② Olds, A. R., "Planning a Developmentally Optimal Day Care Center," *Day Care Journal*, 1983（1）.

③ Olds, A. R., "Planning a Developmentally Optimal Day Care Center," *Day Care Journal*, 1983（1）.

④ ［美］安妮塔·鲁伊·奥尔兹：《儿童保育中心设计指南》，37-39 页，刘晓光等译，北京，机械工业出版社，2008。

一名职员负责看管的儿童人数不得超过15名。（2）每次获准逗留在天台游乐场、走廊或露台的儿童总数，以表面积计每2m²不得超过1人。①这些人均面积比不仅是保障儿童安全的表现，也是更好地为儿童提供比较舒适的活动空间的表现。《托儿所、幼儿园建筑设计规范》（JGJ39-2016）（2019年版）也明确提出：（1）每班应设专用室外活动场地，人均面积不应小于2m²，各班活动场地之间宜采取分隔措施；（2）应设全园共用活动场地，人均面积不应小于2m²。

某托育机构将不同月龄婴幼儿活动的户外场地进行区域划分，一方面，根据不同月龄婴幼儿教育的适宜性划分了区域并投放相应的材料设施；另一方面，根据户外场地的使用时间，对班级的作息时间进行了调整，尽量避免所有婴幼儿同时在户外活动。这样在提高户外环境的舒适性、场地的使用率的同时，也控制了同一时间户外活动的婴幼儿人数。

舒适的户外环境还需要有对不同天气的应对措施。《托儿所、幼儿园建筑设计规范》（JGJ39-2016）（2019年版）明确要求：室外活动场地应有1/2以上的面积在标准建筑日照阴影线之外；宜设置集中绿化用地。绿地内不应种植有毒、带刺、有飞絮、病虫害多、有刺激性的植物。要创设舒适的户外环境，还应考虑防晒、遮阳、避雨等方面。

拓展阅读

儿童的"自然缺失症"②

勒夫提出了"自然缺失症"的概念，用来描述儿童与自然环境联系的缺失。自然环境对儿童的心理健康、感官游戏、自主发展等具有重要的意义。早期的幼教工作者如福禄贝尔、蒙台梭利等也都重视儿童与自然的联系。然而，今天的儿童与自然接触的机会越来越少了。造成这种现象的原因是多方面的。

首先，儿童自由游戏的时间在逐渐减少。在竞争日益激烈的社会中，游戏常被认为是一种不务正业的、浪费时间的活动。自由游戏时间的减少伴随着户外游戏时间的减少。调查发现，无论在家里还是在学校，儿童户外游戏的时间都在减少。③

其次，儿童户外活动的机会也在减少。城市化的进程压缩了儿童户外游戏的空间，街道被设计为汽车友好型而不是儿童友好型。鉴于城市污染及对安全问题的担忧，儿童越来越少有机会独立到户外，或和小伙伴一起去户外游戏。

另外，技术正在占据儿童的生活。儿童接触的电子屏幕越来越多，接触时儿童的年龄越来越小，儿童越来越沉浸在技术的虚拟世界中。但是儿童在自然环境中获得的丰富的游戏机会和学习体验是技术无法取代的。

作为早期教育工作者，可以在户外环境创设的过程中尽量为儿童提供自然的游戏空间，确保儿童每天都有户外游戏的机会，保障儿童户外游戏的权利。

① 《幼儿服务规例》第243A章，3-7页，香港，香港特别行政区教育局，2008。

② Louv, R., *The Last Child in the Woods: Savingour Children from Nature Deficit Disorder*, New York, Algonquin Books, 2005.

③ [澳]朱莉·M. 戴维斯：《幼儿与环境——致力于可持续发展的早期教育》，孙璐等译，46页，南京，南京师范大学出版社，2018。

学习效果检测

1. 回忆一下，我们在户外活动区的创设中需要考虑哪些要点。

2. 如何理解"环境就是课程"这句话?

3. 如何区分环境的适宜性和舒适性?

4. 结合实例从软件、硬件两个方面谈一谈托育机构如何为婴幼儿创建一个安全的活动场地。

5. 尝试为某托育机构不同月龄婴幼儿设计户外活动区域。

文本资源

参考答案

延伸阅读

更多关于户外活动区的文章:

杨恩慧:《生态学视野下幼儿园户外游戏环境的意义、特征与优化》，载《学前教育研究》，2021（4）。

本文从生态学视野论述了幼儿园户外游戏环境的意义、特征及存在的问题，并且给出了优化户外游戏环境的具体的、可操作的建议。

学习任务二
做好户外活动区的场地规划

学习任务单

学习目标	学习完本任务，你应该能够： ①了解户外活动区有哪些场地区域。 ②掌握并分析各区域存在的意义和价值。
学习要点	重点、难点： ①掌握户外活动区的场地规划包括哪些区域。 ②能根据场地进行区域的合理规划和利用。
学习建议	学习前： 　　讨论并思考目前托育机构普遍存在的场地规划问题。 学习中： ①结合这一模块的学习内容，对讨论内容进行反思和分析。 ②仔细阅读拓展知识的内容。 学习后： 　　完成本学习任务后的检测题。
学习运用	如何创设、规划你认为最适宜的户外活动区？（可作图示意）
学习反思	记录你在学习过程中的相关思考。（学生填写）

📚 案例导入

在年龄较大的幼儿进行户外平衡车游戏活动时，张老师特意带着孩子们选择了远离年龄较小的幼儿活动区域，有时也会和低年龄段的幼儿错峰进行户外活动。平衡车游戏有专门设置的直线跑道。在进行活动时，有些幼儿会相互竞争比谁先出发，有些幼儿会在旁边加油，并且会较耐心地等待。张老师就顺势营造游戏氛围，让旁边等待的幼儿一起为正在游戏的幼儿加油，在比赛的幼儿到达终点时，张老师也会跟孩子们一起欢呼，孩子们感到很开心，就像是自己跑到了终点一样。接着，张老师会针对刚刚游戏中幼儿出现的问题进行总结改进，再进行下一轮比赛，整个活动愉快而有秩序地进行着。

一、划分不同区域

空间规划既是一个指出问题的过程，也是一个解决问题的过程。场地的总体规划首先要考虑的是该托育机构能容纳婴幼儿的数量，以确保户外环境的安全性和活动的舒适性，美国很多州的建议是保证每个婴幼儿有一定的活动空间。[①]

我们应该怎么划分区域呢？早期美国婴幼儿户外活动场地，受福禄贝尔及经验主义教育家杜威的影响，就已经出现了花园、沙地、木工区和其他对自然游戏材料与设施的规划。[②]我国目前对绿地的要求是托儿所场地内绿地率不应小于30%。[③]奥尔兹在1983年就提出了户外活动区的五类活动，包括：①安静的、平静的活动；②结构化的活动；③手工和发现活动；④戏剧游戏活动；⑤大肌肉活动。美国 NAEYC 对于户外活动场地有明确的规划标准：对于年龄较小的幼儿，必须有发展动作技能的锻炼区域，比如，跑步、攀爬、平衡、跳跃、爬绳、爬行、秋千区域；活动应该包括戏剧游戏、搭积木、操作游戏或艺术活动；还应有探究自然环境的区域。[④]

而目前我国托育机构户外环境普遍存在场地规划单一的问题。托育机构普遍在设置户外环境时将户外环境解读成了"户外体能环境"，把户外活动等同于户外的体能活动，忽视了户外安静的空间、自然观察区等的设置。而这些相对安静的区域可以给婴幼儿提供一个观察、准备、休息的空间，对于情绪状态不佳的婴幼儿，这也许是一个情绪发泄的区域。

沙子、攀爬、自然观察、建构等区域可以在户外营造良好的活动氛围，户外场地为婴幼儿提供了更多与大自然接触的机会，草、树叶、泥土、花等自然元素为幼儿提供了激发他们探究和操作兴趣的机会。

因此，户外需设置多样的活动区。当活动区能够给婴幼儿带来更多的体验时，婴幼儿会更加喜欢活动。保教人员要规划好每周的活动内容及活动区域，并且在同一活动内容中根据婴幼儿实际情况设置不同的难度层次以适应不同婴幼儿的发展。比如，在自然

💡 想一想

目前很多托育机构的户外场地只有体能训练区，你怎么看待这个现象？尝试和同学一起分享讨论。

✏️ 学习笔记

---

① Pardee, M., Gillman, A., & Larson, C., *CICK Resource Guide-volume* 4：*Creating Playgrounds for Early Childhood Facilities*，Local Initiatives Support Corporation.

② Frost, J. L., Brown, P., Sutterby, J. A., & Thornton, C. D., *The Developmental Benefits of Playgrounds*，Olney，MD，Association for Childhood Education International，2004，p.10.

③ 《托儿所、幼儿园建筑设计规范》（JGJ39-2016）（2019 年版）

④ NAEYC，*Early Childhood Program Standards and Accreditation Criteria*：*The Mark of Quality in Early Childhood Education*，DC，NAEYC，2008.

观察区对植物生长的探索，在攀爬区对不同高度的尝试，在沙水区对不同触感的体验，在建构区对不同材质积木的搭建，在骑行区对不同高度的儿童自行车的学习等，能更好地激发儿童的兴趣和潜力。

二、提供动线联系

不同区域的划分可以满足婴幼儿不同活动的需求，减少婴幼儿间的冲突，提高婴幼儿活动时的专注力。但区域划分不意味着整个活动区是分散的，应该加强对各个区域联系的设计。①户外环境中的场地不是单一的，是多种游戏体验组合而成的，而不同游戏设施之间应该保持相对安全的距离，且应设置明确的动线，从而可以使婴幼儿能够自然地从一个活动过渡到其他活动中。多种活动体验能满足不同婴幼儿的需求。

户外活动区尽量避免设置过长的直线通道，因为这样的动线容易导致幼儿奔跑；应该设置没有明显终端的环形动线，既能连接各区域，又能帮助婴幼儿远离危险，且动线还可以通过个性化装饰和创设来辅助婴幼儿遵守活动规则。我们可以回忆一下，是不是经常会看到托育机构在楼梯上贴小脚印？其实小脚印的位置和方向就是在告诉婴幼儿"上下楼梯要靠右走"这个规则，同样，我们也可以在环形动线上设计行走的箭头，避免婴幼儿在单一活动设施周围拥挤。

三、提供充足的配套区域

根据上述学习内容，如果你是一家托育机构的设计者，尝试在一张A4纸上规划户外活动场地，你会如何体现户外环境创设的要求呢？

如果每次户外活动都需要花费很多时间和人力去摆置不同活动区的设施，作为老师的你会不会对户外活动产生抵触的情绪呢？户外游戏专家尼尔森的研究表明：缺少足够的存储区域是户外活动区设计的最大不足，这让老师在户外非常不方便。②足够的储存空间是非常重要的配套区域，比如，在车棚摆放儿童自行车，在柜子里摆放修车的工具等。此外，户外场地中的洗手间、洗手台、饮用水等设施也非常重要，方便婴幼儿及时如厕（见图6-6、图6-7），进行洗手、喝水等活动。

图 6-6 托育机构户外的简易卫生间

图 6-7 某托育机构户外活动时为幼儿准备的小便桶

舒适的户外活动场地离不开可以乘凉的区域，可以保护婴幼儿免受紫外线的伤害，可以利用树荫，或者人工搭建的遮阳伞和天棚等来遮挡阳光，如果有可能，阴凉处尽量设置在婴幼儿经常游戏的区域，比如，脏玩区、沙水区。角落里的大树荫处可以放置小长椅，这会让整个户外环境更加舒适和惬意。

---

① Cuppens, V., Rosenow, N., & Wike, J., *Learning with Nature Idea Book*: *Creating Nurturing Outdoor Spaces for Children*, Lincoln, NE, National Arbor Day Foundation, 2007.

② Nelson, E., "The Outdoor Classroom: No Child Left Behind," *Child Care Exchange*, 2006（171）.

学习效果检测

1. 户外活动场地规划指的是什么？
2. 请你谈谈某一具体政策文件中提到的户外场地的规划标准。
3. 试回忆一下，你观察过的某托育机构的户外活动场地大致可以划分为哪些区域。
4. 每个活动区有充足的场地并相对独立，是适宜的吗？
5. 在户外活动场地的规划中为什么需要考虑设计安静的区域？
6. 依据"动线联系"的要求，为托育机构设计户外活动场地。

文本资源
参考答案

延伸阅读

更多关于户外活动场地规划的文章：

廖莹：《简论幼儿园户外活动场地规划的策略》，载《青少年体育》，2020（12）。

户外活动场地的规划是否科学、合理，直接影响户外活动的质量。本文针对幼儿园户外活动场地规划存在的问题，结合幼儿园户外活动场地规划的原则，从丰富户外活动区域种类、提高户外空间利用率、提供便利的配套设施、合理利用不同材质的地面、设置必要的安全防护、营造美感等方面阐述了如何科学合理地规划幼儿园户外活动场地。

学习任务三
户外活动区的设施及材料

学习任务单

学习目标	学习完本任务，你应该能够： ①掌握户外活动区对设施与材料选择的要求。 ②了解户外活动区常见的设施与材料。
学习要点	重点、难点： 能选择适宜的设施与材料创设户外活动区。
学习建议	学习前： 观察在托育机构能经常见到哪些户外设施或材料。 学习中： ①结合这一模块的学习内容，再次对所观察到的托育机构户外设施与材料进行反思和讨论。 ②仔细阅读拓展知识的内容。 学习后： 完成本学习任务后的检测题。
学习运用	如何为每个活动区选择设施与材料？（可作图示意）
学习反思	记录你在学习过程中的相关思考。（学生填写）

案例导入

每天户外活动前，都会有一位保育师去教具室准备今日体能训练的组合器材，挑选后放入推车小筐内，在幼儿集合准备完毕后，跟随幼儿队伍将材料推出来。户外体能活动结束后，会有一位保育师留在原地收拾器材，另外两位保育师带领幼儿散步接触自然，在器材收拾好之后，再一起原路返回到班级内。

有一次在户外活动时，一名幼儿说："看，蜗牛！"另一名幼儿说："周末妈妈带我去动物园看了蜗牛。"接着就有更多的幼儿说："我也看见过蜗牛。"保育师听到幼儿有这番对话后就问幼儿："蜗牛身上有一个大大的壳，我们一起蹲下来看看吧！"幼儿们认真地蹲在地上看蜗牛，你一言我一语地讨论着，不亦乐乎！

一、选择户外活动区的设施材料

（一）安全性

保育师在选择设施及材料时首先要考虑安全性。较高的台阶、粗糙的木制积木、丢失轮子的儿童自行车等都存在一定的安全隐患。美国消费品安全委员会于2001年公布的数据显示，在使用滑梯过程中严重受伤的2岁以下婴幼儿的比例为11%，对于旋转木马而言，该比例高达63%；2—4岁幼儿在滑梯设施中严重受伤的比例达到40%，在攀爬过程中受伤的比例为21%。①所以从安全性考虑，托育机构在选择户外设施时首先要考虑设施的安全性，其次要确认婴幼儿在玩耍时有成人的陪同和照看。

感官游戏对于托育机构的婴幼儿来说特别重要，婴幼儿会"粗暴"地对待所有他们能触摸到的材料，咬、撕、敲打等，他们在探究的过程中不会考虑后果。而保育师应该注意提供一些禁得住婴幼儿这样"折腾"的材料和设施。因此户外活动场地里的设施及材料都必须达到安全标准，也要考虑材料的适宜性。②

（二）适宜性

户外活动应该有适宜的、固定的设施，如圆屋顶、滑梯、攀爬设施、篮球和调整高度后的篮板、轮胎等废旧品。特定的或有目的设置的户外设备可以促进婴幼儿攀爬、平衡等技能的发展。③（见图6-8、图6-9）

图 6-8　乳儿班的户外寻宝区

图 6-9　托大班的户外活动场地

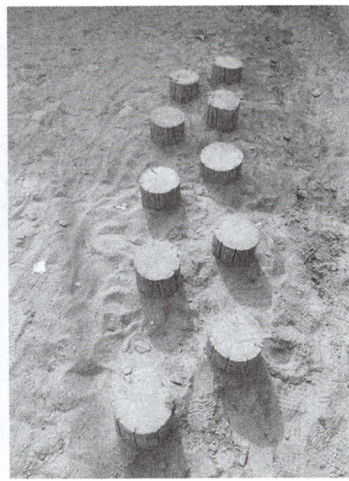

① Consumer Product Safety Commission, *Publication 35: Playground Equipment Injury*, 2001, p. 10.

② Greenman, J., "Babies Get Out: Outdoor Settings for Infant Toddler Play," *Child Care Information Exchange*, 1991 (79).

③ Sutterby, J. A., Thornton, C. D., "The Developmental Benefits of Playgrounds," *Child Education*, 2005 (1).

适宜的设施与材料能够支持婴幼儿在认知、情感、社会交往等方面的发展。要判断设施与材料的适宜性，需要结合婴幼儿的年龄特点，例如，儿童自行车对于 2 岁半的幼儿是安全的，但对于 10 个月的婴儿是不安全的。所以在同一设施不改变的情况下，保育师需要做的就是设定不同情况下的使用规则。

拓展阅读

发展适宜性的环境指南

（1）设备及材料的大小和高度必须适合儿童，这意味着图片和公告栏要放在幼儿视线可及的地方，而不应该以教师的视线为标准。

（2）在户外提供大型运动设备，大型运动设备可以让儿童积极地进行游戏活动，如果可以的话，把容易制造噪声的区域放在一起，远离安静区域。①

（3）教室内和户外区域必须干净、整洁，令人感到舒心，物理环境必须保持清洁。

（4）要考虑设备和材料的维护和存放。

（5）每个区域、每种设备和材料都是有目的、有意义的。

（6）选择多样的材料和设备可以促成儿童多样的用法和活动，材料应该是开放的。

视频资源

攀爬

学习笔记

二、户外游戏设施及操作建议

（一）攀爬类

这一类活动区主要用于发展婴幼儿的臂力、跳跃和平衡能力，婴幼儿能通过此类运动的训练提升自信，发展身体意识、方向感和空间感。很多户外活动区都会有攀爬设施，包括轮胎组合的平台和钻洞处、不同宽度的平衡木、轮胎之间的卸货网或者网状挂壁设施，以及攀岩墙壁等。保育师也可以在攀爬顶端或者终点处安排一个挂铃，鼓励婴幼儿完成任务，增强婴幼儿对攀爬游戏的挑战兴趣。

（二）爬行类

挖空的圆木、完整或一半的轮胎，以及不同触感的隧道，都是爬行类游戏中不错的选择。不同触感的隧道包括光滑的水管、混凝土隧道及不同颜色的彩虹伞，这些能带给婴幼儿不同的游戏体验。保育师可以在起点和终点做标志（如脚印贴、铃铛），或玩运送玩具的游戏来鼓励婴幼儿进行爬行练习。

（三）臂力发展类

臂力发展类游戏以空中器材为主，如不同斜度的梯子、不同高度的空中吊环等。这类设施可以有效发展婴幼儿的上肢力量，空中项目有特殊的游戏挑战性，可以不断增强婴幼儿的自信心。但婴幼儿在第一次使用此类设施时一定要有保育师在旁指导。为了帮助婴幼儿，保育师可以托住婴幼儿的臀部支持婴幼儿慢慢向前推进。

（四）动物互动类

可以在户外环境中为婴幼儿提供接触动物的机会，提供各种探究工具让婴幼儿进行操作。如可以搭建一个鸟类的喂食器来吸引鸟，种植不同的花草来吸引蜜蜂蝴蝶。此外，有些托育机构还搭建兔棚并饲养兔子作为宠物，让婴幼儿一起参与到喂食和清理工

---

① Curtis, D., M. Carter, "Rethinking Early Childhood Environments to Enhance Learning," *Young Children*, 2005（60）.

作中，为婴幼儿提供更多接触自然的机会。

（五）休息区

休息区作为一个可以休息的区域是尤为重要的，很多托育机构会在大树下设置树屋，给不愿意参与活动的婴幼儿提供一个观察、休息的区域，同时这也是婴幼儿社交互动的场所。休息区最好是半封闭式的，有利于老师观察婴幼儿，也能为休息后想参与活动的婴幼儿提供机会。

（六）秋千类

秋千作为一个有节奏的活动可以让人放松心情，并且提高身体的平衡感和协调性。轮胎式秋千可以同时容纳 1—3 名婴幼儿，座椅式秋千可以给婴幼儿更舒服的体验，但应尽量避免使用过重的金属秋千。保育师可以在婴幼儿玩秋千的过程中不断引导婴幼儿使身体和秋千的摆动协调，或者在高处增加秋千的动力，从而使婴幼儿享受更多的游戏乐趣。

（七）滑梯类

滑梯有不同类型的选择，如螺旋式、隧道式、波浪式等，并且滑梯的难度较低（在高度适宜的前提下），可以适用于所有婴幼儿，并能有效发展婴幼儿的动态平衡感。滑梯一般可以独立使用或者和攀爬设施组合使用，保育师应注意对小月龄婴幼儿的保护。

（八）轮式玩具类

此类设施包括三轮车、滑板车和其他轮式玩具，选择面较广，应注意的是，该游戏活动区的地面车道要有足够的硬度，同时要求婴幼儿佩戴头盔以保护头部。保育师可以设置不同的车道、障碍物、坡面或隧道等增强该类游戏的挑战性和趣味性。

（九）脏玩游戏类

很多婴幼儿在日常生活中没有足够的机会玩泥土或在泥潭里游戏，托育机构设立该类游戏，可以让婴幼儿在不断挖掘、探索、泥块塑形的过程中增强想象力和创造力。托育机构要提供充足的铲子、水桶、盆等工具，增强游戏的趣味性。保育师要尤其预防泥土或沙石进入婴幼儿的口腔，低年龄婴幼儿不适宜独立操作该类游戏。

三、定期消毒及安全检查

所有设施都要定期消毒及进行安全检查。在寒冷和流感高发季节，玩具和设施的消毒频率要更高一些。为了保证安全，材料可以自制，或者加入婴幼儿参与的元素，如艺术活动中绘画用的大纸箱、家里带来的易拉罐等可回收材料，这都是托育机构户外材料的不错选择，但要注意收纳整理和消毒。托育机构应建立户外活动设施与材料安全检查管理制度，配备安全管理责任人、安全检查人员，并明确各自的职责和要求，使安全检查工作有章可循。安全检查人员要定期对户外环境、设施设备进行精细化安全检查，并做好记录。在安全检查时一方面要注意材料和设施本身，保证婴幼儿室内外运动场地和运动器械的安全、卫生，关注设施器材的磨损与消耗问题，做到及时维修。另一方面要注意物体的摆放，要井然有序，取用方便，为婴幼儿的户外活动做好准备。此外，还应关注户外环境的持续改善，发现问题及时调整。如发现沙石地面或附近缺少遮阳的设施，一些设施无法应对可能出现的极端天气等，这些情况都需要及时反馈、改善。

视频资源

户外骑车比赛

视频资源

转石磨

学习笔记

学习效果检测

1. 脏玩游戏类指的是什么？

2. 在选择户外活动区的设施材料时应注意什么？

3. 请为前文提及的活动区（学习任务二设计的户外活动区）设计适宜的设施与材料。

文本资源

参考答案

4. 参观托育机构的户外环境，写一个简要的观察报告。尽可能多地回答以下问题：婴幼儿参与了哪些户外活动？同一时间内容纳了多少婴幼儿和保育师？你观察了哪些区域？根据你的参观，对其户外环境的优缺点做出评价。

5. 在学习完本模块后，对比学习初体验中的记录，再次与同学进行讨论，你有何新的发现与收获？

6. 请用表 6-1 评估某个户外活动场地。

表 6-1　户外活动场地评估表

户外活动场地设计
①是否有足够的空间供所有幼儿活动（是否每个区域都有孩子进行活动）？
②通道是否安全？是不是环状道路？
③整个户外活动场地是否按区域划分？
④不参加活动的幼儿是否能受到保护？
⑤是否有阴凉处和安全场地？
⑥是否有足够的储物空间？
⑦是否方便如厕、洗手和饮水？
⑧是否有各种活动区域（攀爬区、跳跃区、平衡区、秋千区、滑梯区、脏玩区、骑车区、种植区、自然观察区、休息区等）？
⑨对于婴幼儿来说是否有足够的挑战？
⑩是否有满足不同能力水平的婴幼儿的需求的活动？（例如，不同宽度的平衡木等）
⑪所有设施是否干净卫生？

延伸阅读

更多关于优化户外活动区策略的文章：

林雅静：《优化幼儿园户外游戏的策略》，载《学前教育研究》，2017（10）。

户外游戏对幼儿的身体、认知、情感、社会性等的发展具有重要的促进作用，本文首先分析了户外游戏活动存在的问题，然后从幼儿、家长、教师的视角出发，对如何提升幼儿游戏和发展的质量提出了建议。

学习模块七
保障托育机构的服务和供应用房

　　托育机构不仅是婴幼儿生活、游戏的场所，也是保育师、保健医等人员工作的场所，还是家长接送婴幼儿、参加亲子活动等的场所，因此，在环境创设的过程中，除了考虑婴幼儿的需要外，也需要为托育机构的工作人员和家长创设适宜的空间。2021年《托育机构建设标准（征求意见稿）》明确指出，托育机构的房屋建筑主要包括婴幼儿活动用房、服务管理用房、附属用房和其他用房等。服务管理用房是托育机构管理工作的用房，主要用于医务和办公两类：前者主要有晨检接待厅、保健观察室、隔离室，后者有警卫室、办公室、财务室、会议室、储藏室等。附属用房主要是指托育机构的后勤服务用房，包括厨房、消毒室、开水间、机房、车库等。本模块将介绍托育机构常见的几种服务和供应用房的创设要点。

学习导图

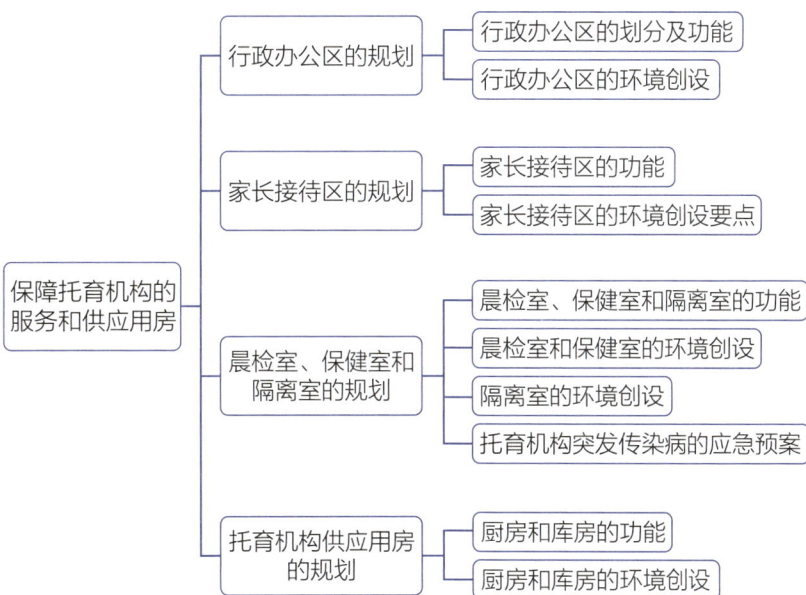

学习初体验

　　实践体验活动： 参观一家托育机构，注意观察：该机构除了有户外区、公共区和婴幼儿的游戏生活区外，还有哪些区域，这些空间的位置选择和设计有什么依据或道理。请记录你的观察和结论，学习完本模块后再来看看最初的记录。

学习任务一
行政办公区的规划

学习任务单

学习目标	学习完本任务，你应该能够： ①了解托育机构行政办公区的价值。 ②熟悉托育机构行政办公区的分类。 ③掌握托育机构行政办公区的环境创设要点。
学习要点	重点、难点： 掌握托育机构行政办公区的分类及环境创设要点。
学习建议	学习前： 完成模块下的学习初体验活动。 学习中： 可以实地观察一家托育机构，对其行政办公区的环境创设进行分析，形成见习报告。 学习后： ①完成本学习任务后的检测题。 ②结合本节内容，对自己的见习报告进行完善。
学习运用	你觉得在哪些工作场景中可以运用到本任务所学的知识？（学生填写）
学习反思	记录你在学习过程中的相关思考。（学生填写）

📚 案例导入

托育机构的婴幼儿桌椅是根据宝宝的年龄特点和身体结构特点设计的，成人肯定是不适合的。在每周的保育师例会及教研会上，坐在幼儿椅子上的保育师5—10分钟换一次姿势，有些保育师直接席地而坐。在每次半小时的会议后，无论是坐椅子还是坐地上的保育师都感到双腿酸痛。长此以往，导致保育师出现腰部疼痛的问题。

读了上述案例，你有什么感想？保育师用着与自己不匹配的桌椅是否会损伤身体？你觉得托育机构是否需要为保育师提供专门的办公场所和设备？本部分将围绕托育机构中行政办公区环境创设的相关内容展开，这部分内容包括行政办公区的分类及其环境创设要点。

一、行政办公区的划分及功能

行政办公区包括机构负责人或管理者的办公室、保育师的办公室和休息区。行政办公区是托育机构行政服务、教学研究、集会议事和保育师休息的场所。

负责人或管理者的办公室是办公、接访和休息的地方，在此可以进行托育机构的对内和对外工作，如管理全员婴幼儿，监督和检查保育师的工作，以及向上级部门汇报工作等。

保育师办公室是其进行教学研究、备课、查阅资料及对外接待的场所。同时，保育师办公室有储存个人物品、同事之间交流讨论的功能（见图7-1、图7-2）。

休息区不仅是保育师放松和相互交流的地方，更像保育师的第二个家（见图7-3）。保育师休息区能够帮助保育师降低职业倦怠和职业病（因长时间站立造成的腰肌劳损、下肢静脉曲张等）的发生率。

图 7-1　保育师办公室

图 7-2　打印机和办公桌

图 7-3　保育师的休息室

🔍 拓展阅读

1987年10月1日开始实施的《中小学校建筑设计规范》（GBJ 99-86）明确规定："教学楼中宜每层或隔层设置教师休息室。"

2012年1月1日起实施、由中华人民共和国住房和城乡建设部批准的《中小学校设计规范》（GB50099-2011）规定："教师休息室宜与普通教室同层设置。各专用教室宜与其教学辅助用房成组布置，教研组教师办公室宜设在其专用教室附近或与其专用教室成组布置。"

但目前没有相关文件规定要在托育机构中设置保育师休息室。

二、行政办公区的环境创设

（一）负责人或管理者办公室的环境创设

负责人或管理者的办公室一般设置在能对托育机构状况一目了然的地方，以便于对保育师和婴幼儿进行日常管理。其他办公室应设置于托育机构的出入口或婴幼儿活动区的中间，以便对外联络和向内管理。

办公室除了配备打印机、传真机、计算机等基本的办公设备外，还会放置会议桌椅供接待来宾和日常办公使用；可以在墙面等显眼位置预留出空白区域设置展示区，可张贴或摆放托育机构的奖状或奖杯，以展示荣誉，或者张贴托育机构日常管理的规章制度。

（二）保育师办公室的环境创设

通常来讲，托育机构的班级活动区应为保育师预留出一块空间以便保育师办公。有条件的托育机构可以设置独立的保育师办公室。保育师办公室可位于园长室和婴幼儿活动室之间，以便保育师进行行政联系和教学研究，也可以在两间活动室之间设置办公室，以便保育师就近观察婴幼儿的活动情况。根据《城市幼儿园建筑面积定额（试行）》的规定，保育师休息室每人使用面积 $2m^2$。托育机构在设置保育师办公区的时候可以参照这一标准。

设置在活动区的保育师办公室应配备一套适合成人高度的桌椅，保育师可以在此使用办公设备，备课，准备环境创设的材料，撰写婴幼儿观察记录等。如果空间允许，可以在此放置储物柜，存放保育师的私人物品或婴幼儿的个人资料等。

单独设置的保育师办公室除了配备桌椅外，还可以放置书柜、衣柜、会客沙发等。保育师办公室内的墙面设计可以根据机构的特色来规划，以便做到协调一致。一般情况下，多个保育师共用一个办公室。

💬 连线职场

假如让你创设保育师办公区，你会如何设计？

（三）休息区的环境创设

有的托育机构因条件限制，无法预留出独立的房间当作休息室。在这种情况下，通常会在保育师办公室或婴幼儿的活动室设置一个保育师休息的区域。

独立设置的保育师休息区应提供基本的生活设备，以满足保育师基本的生活需要。休息区的风格应与园所整体保持一致，尽量选择浅色系的色调。地面宜采用木地板，墙面以乳胶漆为主，创设温馨如家的环境。

附属于办公室和活动区的保育师休息区域，因空间有限，可以设置舒服柔软的沙发，方便保育师进行短暂的休整。

学习效果检测

1. 你认为是否有必要在托育机构中占用单独的房间来设置保育师休息室，请说明你的观点并给出原因。

2. 托育机构负责人或管理者办公室的功能是什么，请简要说明。

3. 当托育机构的空间有限时，您可以用什么办法满足保育师的放松和休息的需要。

4. 请你拿出纸笔，试着规划托育机构的行政办公区，可画出平面图。

文本资源

参考答案

延伸阅读

更多关于教师办公室的文章：

顾启洲：《教师办公室安排也得有个讲究》，载《中国教育学刊》，2015（7）。

教师办公室的合理安排既能提高学校的管理效能，又能促进教师的个人成长与发展。本文作者认为，教师办公室安排及人员编排要做到"近""静""亲"，做到以人为本。

学习任务二
家长接待区的规划

学习任务单

学习目标	学习完本任务，你应该能够： ①了解托育机构家长接待区的功能及分类。 ②掌握托育机构家长接待区的环境创设要点。
学习要点	**重点、难点：** 　托育机构家长接待区的环境创设要点。
学习建议	**学习前：** 　请简单比较幼儿园和托育机构的家长接待区。 **学习中：** 　结合本节内容完善学习前的任务。 **学习后：** 　完成本学习任务后的检测题。
学习运用	你觉得在哪些工作场景中可以运用到本任务所学的知识?（学生填写）
学习反思	记录你在学习过程中的相关思考。（学生填写）

案例导入

又到了一年一度的招生季，各托育机构使出浑身解数来吸引家长报名。某托育机构不仅采取传统宣传方式，还开辟了新的渠道。他们设置了专门的家长接待区，家长在这里可以沉浸式全方位地了解托育机构的教育理念、课程设置、收费标准、师资水平、设施配置、餐食样式等。这样直观的方式比单看宣传图册更容易让家长了解机构。

你觉得设置家长接待区有必要吗？如果要在托育机构内规划家长接待区，你期望它具有哪些功能呢？

本部分将围绕托育机构中家长接待区环境创设的相关内容展开，主要涉及家长接待区的功能和创设要点。

一、家长接待区的功能

家长接待区是家长接送婴幼儿及园所接待家长的地方。家长接待区可以满足家长和教师双向沟通和家长接送婴幼儿的功能。托育机构接待家长的常见场合包括早送晚接婴幼儿、参与托育机构的活动、参观考察托育机构、处理婴幼儿的突发事件等。

拓展阅读

托育机构晨间接待家长的流程①

晨间接待是保育师与婴幼儿家长沟通交流的重要时机，为家园合作提供了良好的机会。那么，托育机构晨间接待家长有什么流程呢？

在婴幼儿及其家长尚未来到托育机构时，保育师就要有所准备。具体来讲，保育师要以整洁、热情的面貌迎接婴幼儿及家长，同时要准备好家长交代事项记事本、喂药委托及服药记录等材料物品。

在婴幼儿和家长到园时，接待的保育师要面带微笑，热情地向婴幼儿及其家长问好。保育师要主动询问婴幼儿的情况，若有需要特别照顾的事项，要及时记录下来。询问的内容可以是婴幼儿有无吃药、有无特殊的需要交接的物品等。

需要注意的是，入托适应阶段的婴幼儿家长的接待尤为重要。此阶段是增加家长与保育师相互了解和信任的关键时刻。保育师在晨间接待时，要以积极热情的态度与家长相处，要理解家长对孩子到陌生环境的担忧。

二、家长接待区的环境创设要点

（一）位置

可以专门设置室内家长接待区，也可以设置在班级的走廊处或班级内部的某处。室外接待区可设置在托育机构的入口处，便于家长接送孩子。

（二）场所设置

专门设置的室内家长接待区，能容纳 10 人左右，它可以接待前来考察或处理婴幼

① 本书编写组：《0—3 岁婴幼儿托育机构实用指南》，115 页，南京，江苏凤凰教育出版社，2019。

图 7-4 室内家长接待区

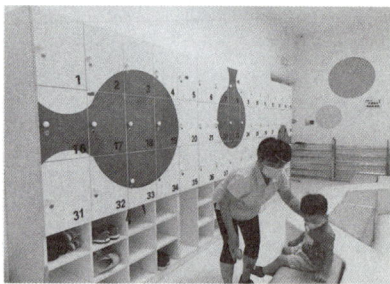

图 7-5 家长接待区和换鞋区

儿突发事件的家长。此区域可以设置沙发、桌椅和饮水等，还可以在墙面张贴托育机构的荣誉、发展历程、教学理念等，以便将机构风采呈现给家长。应提高家长接待区的使用频率，可以在此开展家长课堂、亲子讲座、针对个别婴幼儿的家园研讨会等活动，充分发挥家长接待区的功能（见图 7-4）。

家长接待区具有接待休息、信息沟通等功能。设置在班级走廊处和班级内部的家长接待区，可以放置沙发、桌椅供家长和保育师沟通使用；投放教育类书籍，有助于家长了解科学的育儿知识，便于更好地进行家园共育；展示婴幼儿的作品，使家长知道托育机构正在开展的重要课程等。若场地有限，可以将家长接待区和其他区域（换鞋区、储物区、办公室等）融为一体。如图 7-5 所示，该托育机构将家长接待区和婴幼儿换鞋储物区设置在一起，家长在此既可以简单休息，也可以协助婴幼儿收拾整理个人物品，做好入托准备。室外接待区可配备遮阳棚和夜间照明灯等设备。

拓展阅读

如何发挥家长接待区的教育功能？①

首先，在环境创设上要体现教育性。家长接待区的墙壁空间可以开辟出"家长直通车"，用于向家长介绍一些育儿知识，此内容可以随季节、教育热点问题而更新。"家长直通车"的内容可供家长在等候教师或婴幼儿的空闲时间自主阅读。还可以在此设置"家长书柜"，建立书籍借阅制度，让家长将这些资料带回家，使家长接待区的教育功能延展到家庭中。

其次，场所的使用要兼顾教育性。在家长接待区，可以举办具有针对性的教育讲座、专家论坛等，这种讲座参与的群体可以有家长、教师、教研员或某位领域内的专家。好处在于可以针对某个婴幼儿的特殊性或某类教育事件的独特性进行专业的研讨。

拓展阅读

困难型婴幼儿的入托适应②

困难型婴幼儿会对陌生的环境感到恐惧，他们的入托适应周期较长，家长和托育机构需要共同努力让婴幼儿尽快适应新环境。

家长和托育机构的保育师之间的谈话可以视作婴幼儿入托适应的第一步。在谈话中，保育师要尽可能地让家长了解婴幼儿接下来的适应过程。同时，保育师也要询问家长关于孩子的饮食、睡眠及个人卫生方面需要注意的事情：

①孩子有什么习惯？

---

① 高健：《家长接待室的建设及其功能开发》，载《早期教育（教师版）》，2013（Z1）。

② ［德］安吉丽卡·冯·德·贝克：《如何创建日托保教空间——0—3 岁托育机构环境创设指南》，张世胜等译，32—37 页，北京，北京师范大学出版社，2021。

②在照顾孩子的过程中，有什么需要特别注意的地方？

③孩子喜欢什么，孩子不喜欢什么？

④孩子可能会带哪些他离不开的东西入托？

在婴幼儿来到托育机构后，要允许家长陪伴孩子一段时间，直到保育师与孩子顺利建立起关系。在入托适应阶段，家长不能偷偷溜走，而要与婴幼儿告别，告诉他们爸爸妈妈会准时接他们回家，然后再快速离开。

学习效果检测

1. 请你谈谈如何发挥托育机构的家长接待区的功能。

2. 如何创设托育机构家长接待区的环境？

3. 谈一谈如何解决困难型婴幼儿的入托适应问题？

文本资源

参考答案

延伸阅读

更多关于婴幼儿入托适应的文章：

［德］安吉丽卡·冯·德·贝克：《如何创建日托保教空间——0—3岁托育机构环境创设指南》，张世胜等译，29-38页，北京，北京师范大学出版社，2021。

让一个0—3岁的孩子早上愉快地离开家去托育机构不是一件容易的事情。为了让初入托的婴幼儿尽快适应新环境，本文详细介绍了保教师在婴幼儿入托前应该如何准备，在婴幼儿入托的过程中应该如何与婴幼儿和家长沟通。另外，本文还介绍了柏林婴幼儿适应模式，可为托育机构中保育师的入托适应工作提供借鉴。

学习任务三
晨检室、保健室和隔离室的规划

学习任务单

学习目标	学习完本任务，你应该能够： ①了解托育机构晨检室、保健室和隔离室的功能。 ②掌握托育机构晨检室、保健室和隔离室的环境创设要点。
学习要点	重点、难点： 掌握托育机构晨检室、保健室和隔离室的环境创设要点。
学习建议	学习前： 查阅我国学前教育法规中有关托儿所卫生保健的相关规定。 学习中： 结合本节内容，梳理托育机构晨检室、保健室和隔离室的创设要点。 学习后： 完成本任务后的检测题。
学习运用	你觉得在哪些工作场景中可以运用到本任务所学的知识？（学生填写）
学习反思	记录你在学习过程中的相关思考。（学生填写）

📚 **案例导入**

某幼儿疑似因诺如病毒引发呕吐，主班保育师立即将呕吐幼儿带至隔离室请保健医前来检查幼儿身体状况，并且通知家长。配班保育师则带领其他幼儿离开该教室，并排查其他幼儿是否近期有疑似病症。另一位保育员第一时间开窗通风，并将呕吐物用纸巾全面覆盖，地面用消毒水二次覆盖并用清水清理，同时对该教室进行半小时以上的紫外线消毒。

托育机构的婴幼儿年龄小，身体抵抗细菌和病毒的能力较弱。所以保育师对待婴幼儿的呕吐物以及（疑似）传染病的征兆和表现要格外认真，必要的时候要寻求托育机构保健医生的帮助。本部分围绕托育机构中晨检室、保健室和隔离室的环境创设的相关内容展开，主要探讨三者的价值和创设要点。

✎ **学习笔记**

一、晨检室、保健室和隔离室的功能

晨检室和保健室是托育机构的职能部门，医务人员每天早晨要对入园婴幼儿进行健康检查，承担着监督托育机构全体婴幼儿和保育人员身心健康发展的重任，保证托育机构的正常运转。

隔离室是托育机构收容生病婴幼儿的场所，是对婴幼儿进行观察和诊治的服务用房。对于轻症的患儿，可在隔离室进行诊断和治疗；重病婴幼儿或患有传染病的婴幼儿则在隔离室短暂等待，由家长前来接婴幼儿并送往医院。

二、晨检室和保健室的环境创设

（一）位置

晨检室一般位于托育机构的入口或门厅处。保健室可单独设置，也可附设于行政办公室内。其位置应位于一楼门厅附近或托育机构的入口处，临近婴幼儿最容易发生意外的场所（如活动区和室外游戏场地等）。同时，保健室应设于明亮、通风的地方，便于保健工作的正常开展。

🔍 **拓展阅读**

托育机构晨间检查的方法[①]

一问：仔细询问家长前一晚婴幼儿在家的情况，有无不舒服、患病等异常情况，如有则记录到晨间检查册子上。

二看：仔细观察婴幼儿的精神状况、面色、皮肤和嘴唇，有无精神状态不好、面色苍白或发黄、眼巩膜发黄、嘴唇颜色异常、扁桃体肿大、身上出疹子等情况。

三摸：摸婴幼儿有无发热、淋巴结肿大等情况。

四查：检查婴幼儿的指甲和双手是否干净卫生，检查婴幼儿是否带危险物品入园，检查婴幼儿是否着装整洁。

五登记：对带药入园的婴幼儿，请家长登记。婴幼儿在晨间检查中的异常情况由保健医生负责登记。

---

① 本书编写组：《0—3 岁婴幼儿托育机构实用指南》，115 页，南京，江苏凤凰教育出版社，2019。

（二）场所设置

图 7-6 某托育机构的保健室常用药

2021 年《托儿所幼儿园卫生保健工作规范》规定，保健室面积不少于 12m²，应设有儿童观察床、桌椅、药品柜、资料柜、流动水或代用流动水等设施。

同时，保健室需要配置以下设备：桌椅、药品柜、资料柜、观察床等一般设备；体重秤、视力表、卧式身长计等体检设备；消毒液、紫外线消毒灯等消毒设备；针、镊子、听诊器、手电筒、压舌板等常用医疗设备；外用药、退烧药等常用药品。图 7-6 显示了某托育机构保健室的常用药。

三、隔离室的环境创设

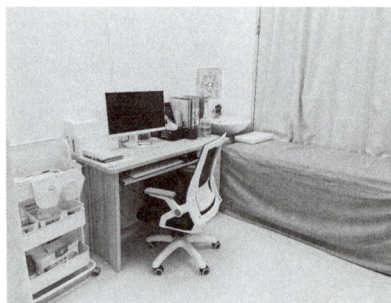

图 7-7 隔离室

规模小的托育机构可在保健室内设一张观察床，作为临时的隔离室。有条件的托育机构可以设置单独的隔离室，一般与保健室毗邻。

隔离室附近应设患病婴幼儿专用厕所，既方便婴幼儿如厕，又可防止疾病传染。隔离室应设专门的对外出口，以便控制传染病的传播。

隔离室的配置有一般设备（如儿童床、桌椅、盥洗用品），医疗设备（如体温计、听诊器、手电筒、压舌板、消毒液）和其他设备（如婴幼儿玩具、书籍、成人隔离衣、拖鞋、毛巾、消毒洗手盆或流动洗手设施）。

图 7-7 为某托育机构的隔离室图片。

四、托育机构突发传染病的应急预案

托育机构出现传染病病例属于突发的公共卫生事件，应有突发事件应急预案。托育机构传染病的应对预案由预防、应变与控制、善后总结组成。①

（一）预防阶段

传染病的传播需要同时具备三个条件：传染源、传播途径和易感人群。为了控制传染病的发生和传播，托育机构需要采取消灭传染源、切断传播途径和保护易感婴幼儿的措施。

1. 做好日常健康监测，早发现，早隔离，早报告

接种疫苗是预防常见传染病的有效手段，新入托的婴幼儿应向托育机构提供婴幼儿预防接种的证明。每日在婴幼儿入托时，保健医要认真落实晨检制度，了解婴幼儿的健康状况。早发现、早隔离、早报告是控制传染病的核心举措。一旦发生疑似传染病或传染病时，托育机构应立即报告当地疾控中心和教育行政部门。

2. 做好卫生保健工作，加强对托育机构的卫生和消毒工作

托育机构除了每天对活动室、睡眠区和盥洗室等重点区域进行清洁打扫外，还应对玩教具、户外大型运动器械进行消毒，在传染病流行季节还应加强清洗和消毒的频率。

---

① 唐娥：《幼儿园常见传染病危机管理策略研究》，载《科学咨询（教育科研）》，2019（10）。

（二）应变与控制阶段

1. 实事求是，做好上报工作

及时上报，配合疾控中心（全称为中国疾病预防控制中心）做好传染病的处置工作。在疾控中心的指导下，对发病婴幼儿的班级及机构进行彻底的消毒，以切断传播途径。

2. 隔离传染源，做好隔离、停课工作

婴幼儿是易感人群，为了保证他们的安全，需要将发病班级与其他班级隔离。情况严重时，可采取停课的措施。在此期间，家长要向托育机构报告自家婴幼儿是否出现传染病的症状，托育机构要每天跟踪婴幼儿的健康状况。

> **🔍 拓展阅读**
>
> **托幼机构出现传染病后的处理流程**
>
> 《托儿所幼儿园卫生保健工作规范》指出了托幼机构内出现传染病后的整个处理流程：托幼机构内发现传染病疫情或疑似病例后，应当立即向属地疾病预防控制机构（农村乡镇卫生院防保组）报告。托幼机构内发现疑似传染病例时，应当及时设立临时隔离室，对患儿采取有效的隔离控制措施。临时隔离室内环境、物品应当便于实施随时性消毒与终末消毒，控制传染病在园（所）内暴发和续发。
>
> 托幼机构应当配合当地疾病预防控制机构对被传染病病原体污染（或可疑污染）的物品和环境实施随时性消毒与终末消毒。发生传染病期间，托幼机构应当加强晨午检和全日健康观察，并采取必要的预防措施，保护易感儿童。对发生传染病的班级按要求进行医学观察，医学观察期间该班与其他班相对隔离，不办理入托和转园（所）手续。
>
> 卫生保健人员应当定期对儿童及其家长开展预防接种和传染病防治知识的健康教育，提高其防护能力和意识。传染病流行期间，加强对家长的宣传工作。
>
> 患传染病的儿童隔离期满后，凭医疗卫生机构出具的痊愈证明方可返回园（所）。根据需要，来自疫区或有传染病接触史的儿童，检疫期过后方可入园（所）。
>
> 在严格执行文件要求的同时，保育师需要关注班级内健康婴幼儿的情绪。面对突然的医学观察和相对隔离的环境，婴幼儿难免产生焦虑和紧张的情绪。此时，保育师应当全程陪伴在婴幼儿的身边，借助语言和肢体动作安抚婴幼儿，让婴幼儿产生安全感。

（三）善后总结阶段

传染病得到控制后，托育机构的正常秩序得以恢复。此时，托育机构要加强日常的健康监测，要从此次传染病的处置中总结经验教训，反思自身在常见传染病处理过程中需要改进的地方。在此基础上，结合自身特点和传染病传播的特点，托育机构应对常见传染病的预防和处置体系进行修订和完善。

> **🔍 拓展阅读**
>
> 突发事件应急预案指的是针对可能发生的重大事故、重大事件或者自然灾害而预先制定的应对方案，内容涉及应急管理机构职责、人员、技术、装备、设施、物资、救援行动及其指挥与协调等方面，其目的是保证迅速、有效地开展应对与救援行动，降低事故损失。[1]

---

① 陈晖、裴俊杰：《高校突发事件应急预案管理思考》，载《宁波广播电视大学学报》，2012（3）。

突发事件应急预案从字面上看就是指突发事件发生后的应急行动方案。它能告诉我们为什么会发生突发事件，以及发生后怎么进行应对处理。具体来说，就是事前可以做什么，事中可以怎么办，事后可以如何善后和总结。①

学习效果检测

1. 给 2 岁及以下的婴幼儿测身高时需要用到哪种设备?（　　）

A. 身高计　　　　　　　　B. 量床　　　　　　　　C. 都可以

2. 你认为托育机构的保育师需要掌握基本的安全卫生保健知识吗?

3. 请说说什么是突发事件应急预案。

4. 托育机构隔离室的环境创设有哪些要点?

文本资源

参考答案

延伸阅读

更多关于托育机构卫生保健的文章:

《托儿所幼儿园卫生保健工作规范》，载《中国妇幼卫生杂志》，2012（5）。

该文件的第二部分论述传染病的预防与控制，以及常见病的预防和管理，有助于我们从政策文本的角度思考如何做好托育机构的卫生保健工作。

---

① 黄思思:《福州市公立幼儿园突发事件应急预案管理研究》，福建农林大学，硕士学位论文，2014。

学习任务四
托育机构供应用房的规划

学习任务单

学习目标	学习完本任务，你应该能够： ①了解托育机构供应用房的构成部分及功能。 ②掌握托育机构供应用房的环境创设要点。
学习要点	**重点、难点：** 掌握托育机构供应用房的环境创设要点。
学习建议	**学习前：** 查阅《托儿所、幼儿园建筑设计规范》(JGJ39-2016)(2019年版)对托育机构供应用房设计的详细要求。 **学习中：** 结合本节内容，梳理托育机构供应用房的创设要点。 **学习后：** 完成本学习任务后的检测题。
学习运用	你觉得在哪些工作场景中可以运用到本任务所学的知识?(学生填写)
学习反思	记录你在学习过程中的相关思考。(学生填写)

案例导入

某天豆豆从托育机构回到家后，突发呕吐、腹泻，并且身上起了许多小疹子。豆豆的父母赶紧带她去医院，医生诊断后说这是食物过敏引起的反应。可是豆豆的妈妈说，孩子在家吃饭从来没有出现过食物过敏的现象，难道是托育机构吃的饭菜引起的？经过专业的过敏源检测后，父母得知豆豆对花生过敏。后来查看托育机构厨房的食谱，发现那天托育机构确实用花生粉作调料。此后，该托育机构的厨房将每日食谱及使用的原材料信息公布给家长，以便及时规避一些会引起孩子过敏的食物。

托育机构的供应用房指后勤服务用房，是保障婴幼儿保育照护工作正常开展的重要部分，主要包括厨房、库房等。供应用房应分区设置，自成一区，应与婴幼儿活动用房有一定的距离。这样既方便使用管理，又有助于交通疏散。

一、厨房和库房的功能

厨房一般包括主副食加工间、主副食库、配餐间、消毒间和冷藏室。厨房的主要功能是为婴幼儿烹制出安全无毒、营养全面、膳食结构合理、适合婴幼儿食用的饮食。库房的作用是储存托育机构里的生活用品、学习办公用品和维修用品。

二、厨房和库房的环境创设

（一）厨房的环境创设

1. 位置

独立设置、毗邻设置和内部设置是托育机构厨房的常见布局方式。独立设置的厨房与托育机构的主体建筑分离，常见于规模较大的托育机构中。毗邻设置的厨房一般与托育机构的主体建筑相邻，这是最常见的布局方式。厨房设在主体建筑内部，这种布局较少见，一般用于小规模的托育机构。

2. 场所设置

《托儿所、幼儿园建筑设计规范》（JGJ39-2016）（2019 年版）指出，厨房的使用面积宜 $0.4m^2$/人，且不应小于 $12m^2$。同时，厨房要满足"三分开、一方便"原则，即生熟食品分开，副食品和调味品分开贮藏，烹饪间和烧火间分开（使用燃气灶具可不分开），炊事员流水操作方便。

厨房装修和设施设置要符合当地卫生部门的要求。厨房要有良好的通风条件，设置垂直的烟道，妥善进行侧窗、排气扇和抽油烟机的设计，以保证通风排气。厨房的地面、墙裙面、洗池等宜采用瓷砖，便于清洗。地面要有排水坡度和地漏，并在室内设置排水沟，便于及时排除室内地面水。厨房顶部要装专业的紫外线消毒灯或者其他的消毒装置，其开关要与照明开关做明显的区分，以防将二者混淆。

当厨房设置在楼房中时，可以设置垂直的电梯，以便运输食物。当厨房和婴幼儿就餐不在同一个屋子时，应有雨篷或走廊连接。主副食库建议设置在厨房的出入口，便于进货，同时要靠近主副食加工间，便于日常取用。[①]主副食库应设置货架，分门别类地存放不同的货物，既方便拿取也有助于优化存储空间。

---

① 刘焱等：《幼儿园教育环境创设》，303 页，北京，高等教育出版社，2014。

（二）库房的环境创设

在创设库房的环境时，可以根据区域功能的不同将空间进行划分，分门别类地存放物品，比如，季节储存、永久保存和日常刚需的物品要放置在不同的区域，这样方便取用，提高效率。库房中宜设置高低错落的货架，这样不仅能合理地存储物品，还能够节省空间，为库房预留出合适的通道。需要注意的是，库房的装修材料与构造应安全、坚固、耐用，并有利于清洗，同时要恰当地设置侧窗和排气扇，解决通风和防潮的问题（见图 7-8）。

图 7-8　库房

文本资源

参考答案

学习效果检测

1. 请你简要说明托育机构供应用房的价值。
2. 托育机构厨房的环境创设要注意哪些方面？
3. 仓库的环境应如何创设才能促使其得到最大化利用？

延伸阅读

更多关于托育机构厨房的文章：

林芸：《6S 管理在幼儿园厨房管理中的运用》，载《亚太教育》，2019（3）。

6S 管理是规范现场、提升素养的有效管理模式，食品安全是幼儿园后勤厨房管理的重中之重。本文将 6S 管理与厨房管理相结合，分析了 6S 管理应用于厨房管理的价值。

参考文献

一、中文参考文献

[1] [澳]朱莉·M.戴维斯：《幼儿与环境——致力于可持续发展的早期教育》，孙璐等译，南京，南京师范大学出版社，2018。

[2] [德]安吉丽卡·冯·德·贝克：《如何创建日托保教空间——0—3岁托育机构环境创设指南》，张世胜等译，北京，北京师范大学出版社，2021。

[3] [美]朱莉·布拉德：《0—8岁儿童学习环境创设》，陈妃燕等译，南京，南京师范大学出版社，2020。

[4] [美]桑德拉·邓肯、乔迪·马丁、萨莉·豪伊：《儿童视角的幼儿园班级环境创设》，马燕、马希武译，北京，中国轻工业出版社，2020。

[5] [美]约翰逊等：《游戏与儿童早期发展》，华爱华等译校，上海，华东师范大学出版社，2006。

[6] [美]珍妮特·冈萨雷斯-米纳等：《婴幼儿及其照料者——尊重及回应式的保育和教育课程》，张和颐等译，北京，商务印书馆，2016。

[7] [美]安妮塔·鲁伊·奥尔兹：《儿童保育中心设计指南》，刘晓光等译，北京，机械工业出版社，2008。

[8] [美]菲利斯·M.科里克：《托幼机构管理》，韦小冰等译，北京，北京师范大学出版社，2007。

[9] [美]凯西·罗伯逊：《儿童早期教育中的安全、营养与健康》，刘馨等译，北京，北京师范大学出版社，2018。

[10] 包璇：《合理调整娃娃家环境，促进幼儿适宜性发展》，载《启迪与智慧（教育）》，2018（7）。

[11] 陈凤：《2—3岁幼儿托育机构区角材料投放策略》，载《教育观察》，2021（12）。

[12] 陈帼眉等：《学前儿童发展心理学》，北京，北京师范大学出版社，2013。

[13] 陈帼眉：《学前心理学》，北京，人民教育出版社，2003。

[14] 陈晖、裴俊杰：《高校突发事件应急预案管理思考》，载《宁波广播电视大学学报》，2012（3）。

[15] 崔哲：《幼儿园区域环境创设与活动开展》，北京，中国轻工业出版社，2017。

[16] 邓庆坦：《托儿所幼儿园建筑设计图说》，济南，山东科学技术出版社，2006。

[17] 本书编写组：《0—3岁婴幼儿托育机构实用指南》，南京，江苏凤凰教育出版社，2019。

[18] 冯芳等：《幼儿园环境创设》，北京，北京师范大学出版社，2015。

[19] 高健：《家长接待室的建设及其功能开发》，载《早期教育（教师版）》，2013（Z1）。

[20] 龚兆先：《幼儿园建筑设计》，北京，北京大学出版社，2014。

[21] 郭星白：《幼儿园环境创设的策略》，载《学前教育研究》，2012（4）。

[22] 韩智、张敏：《图说：幼儿园环境规划与创设》，北京，北京师范大学出版社，2019。

[23] 何慧华：《0—3岁婴幼儿保育与教育》，上海，上海交通大学出版社，2013。

[24] 华爱华：《幼儿游戏理论》，上海，上海教育出版社，1998。

[25] 黄人颂：《学前教育学》，北京，人民教育出版社，2015。

[26] 黄思思：《福州市公立幼儿园突发事件应急预案管理研究》，福建农林大学，硕士学位论文，2014。

[27] 李红雨：《幼儿园环境创设》，北京，北京师范大学出版社，2013。

［28］刘杰、孟会敏：《关于布朗芬布伦纳发展心理学生态系统理论》，载《中国健康心理学杂志》，2009（2）。

［29］刘馨、张静钊：《托育机构婴幼儿一日生活观察与评价的现状调查——以北京市某托育机构为例》，载《学前教育（幼教）》，2021（Z1）。

［30］刘艳：《跟随孩子改造幼儿园公共环境》，载《早期教育（教师版）》，2017（3）。

［31］刘焱等：《幼儿园教育环境创设》，北京，高等教育出版社，2014。

［32］孙娜：《幼儿园户外环境设计探讨》，西南大学，硕士学位论文，2013。

［33］倪爱娟：《幼儿园益智区材料投放及策略》，载《教育》，2015（12）。

［34］邱学青：《学前儿童游戏》，南京，江苏教育出版社，2008。

［35］人力资源和社会保障部、中国就业培训技术指导中心：《育婴员（基础知识、五级、四级、三级）》，北京，海洋出版社，2013。

［36］孙少华：《以绘本为载体开展大班幼儿生命教育的行动研究》，闽南师范大学，硕士学位论文，2020。

［37］唐娥：《幼儿园常见传染病危机管理策略研究》，载《科学咨询（教育科研）》，2019（10）。

［38］唐华：《幼儿的进餐环境及其创设》，载《学前教育》，1995（5）。

［39］王新利等：《新生儿低出生体重危险因素分析》，载《中国儿童保健杂志》，2004（4）。

［40］王兴华、张萌萌：《家庭托育点规范化发展的国际经验及启示——基于政策工具的视角》，载《学前教育研究》，2022（1）。

［41］文颐：《婴儿心理与教育（0—3岁）》，北京，北京师范大学出版社，2015。

［42］翁霞云：《高危妊娠管理的新概念》，载《中国实用妇科与产科杂志》，2001（5）。

［43］夏文娇：《浅谈幼儿园小班"娃娃家"的创设》，载《读写算》，2018（14）。

［44］邢唯杰等：《预防婴儿猝死综合征的安全睡眠环境证据总结》，载《中国护理管理》，2020（12）。

［45］赵娟：《幼儿园班级管理与环境创设》，北京，北京师范大学出版社，2014。

［46］杨彦：《幼儿园环境创设》，北京，北京师范大学出版社，2014。

［47］杨玉凤：《重视早期营养对婴幼儿认知发展及行为疾病的重要性》，载《中国儿童保健杂志》，2021（2）。

［48］袁爱玲：《幼儿园环境创设》，长沙，湖南大学出版社，2015。

［49］张建波：《幼儿园环境创设》，北京，教育科学出版社，2014。

［50］周欣：《托幼机构教育质量的内涵及其对儿童发展的影响》，载《学前教育研究》，2003（Z1）。

［51］刘玉娟等：《学前儿童发展心理学》，北京，北京出版社，2014。

二、英文参考文献

［1］American Academy of Pediatrics, American Public Health Association & National Resource Center for Health and Safety in Child Care and Early Education, *Caring for our Children*: *National Health and Safety Performance Standards*: *Guidelines for Out-of-Home Child Care Programs*（2nd），Elk Grove Village, IL, American Public Health Association, 2002.

［2］ATSDR, *Toxicological Profile for Arsenic*, Atlanta, GA, U.S, Department of Health and Human Services-Prepared by Syracuse Research Corporation for Agency for Toxic Substances and Disease Registry, 2000.

［3］Consumer Product Safety Commission, *Publication* 35： *Playground Equipment In-jury*, 2001.

［4］Cosco, N., & Moore, R., *Playing in Place*： *Why the Physical Environment is Important in Playwork*, In Play Education Annual Play and Human Development Meeting, Theoretical Playwork, Ely, Cambridgeshire, UK.

［5］Cuppens, V., Rosenow, N., & Wike, J., *Learning with Nature Idea Book*： *Creating Nurturing Outdoor Spaces for Children*, Lincoln, NE, National Arbor Day Foundation, 2007.

［6］Curtis, D., M. Carter, "Rethinking Early Childhood Environments to Enhance Learning," *Young Children*, 2005（60）.

［7］Douville-Watson, L., *Caregiver Training 97, Creating Boundaries Using Puppets*, NY, Instructional Press, 1997（3）.

［8］Frost, J. L., Brown, P., Sutterby, J. A., & Thornton, C. D., *The Developmental Benefits of Playgrounds*, Olney, MD, Association for Childhood Education International, 2004（10）.

［9］Greenman, J., "Babies Get Out: Outdoor Settings for Infant Toddler Play," *Child Care Information Exchange*, 1991（79）.

［10］Lally, J. R., Stewart, J., & Greenwald, D., *Infant/Toddler Caregiving*： *A Guide to Setting Up Environments*, 2nd ed. ,Sacramento, CA,California Department of Education, 2009.

［11］Louv, R., *The Last Child in the Woods*： *Saving Our Children from Nature Deficit Disorder*, New York, Algonquin Books, 2005.

［12］Montessori, M., *The Absorbent Mind*, New York, Henry Holt Company, 1995.

［13］NAEYC, *Early Childhood Program Standards and Accreditation Criteria*： *The Mark of Quality in Early Childhood Education*, DC, NAEYC, 2008.

［14］Nelson, E., "The Outdoor Classroom: No Child Left Behind," *Child Care Exchange*, 2006（171）.

［15］Olds, A. R., "Planning a Developmentally Optimal Day Care Center," *Day Care Journal*, 1983（1）.

［16］Pardee, M., Gillman, A., & Larson, C., *CICK Resource Guide-Volume* 4： *Creating Playgrounds for Early Childhood Facilities*, Local Initiatives Support Corporation.

［17］Strong-Wilson, T., & Ellis, J., "Children and Place: Reggio Emilia's Environment as Third Teacher," *Theory into Practice*, 2007, 46（1）.

［18］Sutterby, J. A., Thornton, C. D., "The Developmental Benefits of Playgrounds," *Child Education*, 2005（1）.

［19］Yerkes, R. A., *Playground that Extends the Classroom*, ERIC Document 239802, 1982.